4e

e for English

A2 → B1

workbook

Coordination pédagogique

Mélanie Herment
Professeur, formatrice

Auteurs

Séverine Bourdet
Professeur, formatrice

Mathias Degoute
Professeur

Mélanie Herment

Karine Letellier
Professeur

Grammaire et prononciation

Jean-Pierre Gabilan
Maître de conférences
Université de Savoie

didier

Édition : Catherine Laurent et Pascale Spitz
Iconographie : Maria Mora
Conception graphique de la couverture : Marie-Astrid Bailly-Maître et Léo Pico
Adaptation de la maquette intérieure : Clémentine Berthier
Mise en page : Nadine Aymard
Illustrations : Johanna Crainmark, Sylvie Eder et Tom Morgan-Jones
Photogravure : RVB photogravure

Crédits iconographiques

couv (b) Paule Seux/hemis.fr ; (h) "Romeo + Juliet", Baz Luhrmann with Claire Danes, 1996, 20th Century Fox/Album/Akg Images ; (m) Philippe Renault/hemis.fr
4 : Dave Granlund, politicalcartoons.com ; 5 (1) : Tetra Images/Corbis ; 5 (2) : Cavan Images/The Image Bank/Gettyimages ; 5 (3) : Ron Rovtar/The Stock Asylum, LLC/Alamy ; 5 (4) : Image Source/Gettyimages ; 5 (5) : Margo Silver/Taxi/Gettyimages ; 5 (6) : Xanga.com ; 5 (7) : Jessica Peterson/Gettyimages ; 11 (1) : Onidji-Fotolia.com ; 11 (10) : Noro-Fotolia.com ; 11 (11) : Michael Brown-Fotolia.com ; 11 (2) : Jean-Louis Bouzou-Fotolia.com ; 11 (3) : Sébastien Montier-Fotolia.com ; 11 (4) : Ingvar Bjork-123RF ; 11 (5) : Rafa Irusta Machin-123RF ; 11 (6) : Kaktus2536-Fotolia.com ; 11 (7) : Chlorophylle-Fotolia.com ; 11 (8) : CPhoto-Fotolia.com ; 11 (9) : vj-Fotolia.com ; 22 (b) : Casey Christie/The Bakersfield Californian/Zuma Press ; 22 (h) : Cafod ; 22 (m) : Chiswick School ; 23 (b) : Teasside High School ; 23 (h) : Dam Hyams, Ollie Dowie and Jack Reynolds/Bolton School ; 23 (mb) : DS Winchester ; 23 (mh) : Charters School ; 24 (b) : Best PhotoStudio/Shutterstock ; 24 (h) : sianc/Shutterstock ; 24 (m) : Maxim Borovkov/123RF ; 26 : Kati Molin-Fotolia.com ; 29 (bd) : Topdog Images/Alamy ; 29 (bg) : Brian Mitchell/Corbis ; 29 (md) : Brian Mitchell/Corbis ; 29 (mg) : Jim West/Alamy ; 38 (bd) : Heeb Christian/Prisma Bildagentur AG/Alamy ; 38 (bg) : Philippe Renault/hemis.fr ; 38 (hd) : Robert Wagenhoffer/Corbis ; 38 (hg) : Jeff Mcinstoch/CP/Abaca Press ; 38 (md) : Lucidio Studio, Inc./Alamy ; 39 (1) : Facebook ; 39 (10) : Jamenpercy-Istockphoto ; 39 (11) : ©2012 Nokia © 2013 Microsoft corporation ; 39 (12) : Sports Day in Canada ; 39 (13) : Jenny Elia Pfeiffer/Corbis ; 39 (14) : Ocean/Corbis ; 39 (15) : Phil Schermeister/Corbis ; 39 (6, 16, 18) : Juanmonino/Istockphoto ; 39 (2, 19) : Kelly Funk/Agefotostock ; 39 (22) : Alan Copson/Corbis ; 39 (23) : Alexandre Zveiger-Fotolia.com ; 39 (3, 13, 17, 20, 21, 24) : Jenny Elia Pfeiffer/Corbis ; 39 (4) : Suzanne Tucker/Shutterstock ; 39 (5) : denys-kuvaiev-Fotolia.com ; 39 (7) : Roman Burlacu-Fotolia.com ; 39 (8) : Andrey Shadrin/Shutterstock ; 39 (9) : Henri Ensio/Shutterstock ; 42 : Timothée D'arco-Fotolia.com ; 50 : ©2013 Twitter ; 53 : National Center for Safe Routes to School ; 58 et 143 : Pennsylvania Department of transportation ; 67 : Fuse/Gettyimages ; 69 : Nous remercions Abby Cornish ; 72 : Naomi Maclaren, Pixie Dusted Homeschool ; 82 (b) : Agnes Bonmati ; 82 (h) : Jenny Evans/APP Image ; 83 (b) : The Courier-Mail ; 83 (h) : Nathalie Lucier ; 84 : David Gray/Reuters ; 87 : Belight Software ; 87 (hm) : Dallas John Heaton/Agefotostock ; 88 et 98 (bc) : Biosphoto/Image Quest 3-D/Photoshot ; 88 (bd) : SimonHS-Istockphoto ; 88 (bg) : Mike Parry/Minden Pictures/Corbis ; 88 (hd) : Hatman12-Istockphoto ; 88 (hg) : Hans & Judy Beste/ardea.com ; 88 (md) : Aaron Vickers/AP Photo/Sipa Press ; 88 (mg) : Jellos5700-Istockphoto ; 118 (b) : Cat lady 3 : 118 (hc) : a_dash-Istockphoto ; 118 (hd) : Alessio Orrù-Fotolia.com ; 118 (hg) : Sophie Pearl, imitationisthegreatestformofflattery.blogsport.fr ; 125 : Lisette Le Bon/Purestock/Alamy ; 128 : Illustrations ©Kate Sheppard, 1995, Scholastic Children's Books, Scholastic, Ltd, Uk ; 129 : "Portrait of Henry VIII", Hans Holbein, 1540 ; 131 (b) : Musée de la ville de Paris, Musée Carnavalet, Paris/Giraudon/The Birdgeman Art Library ; 131 (h, m) : Mary Evans Picture Library ; 132 : Look and Learn ; 134 : www.talklikeshakespeare.org/Chicago Shakespeare Theater on Navy Pier ; 143 (g) : Diana Galiano ; 143 (3-hg) : Jean-Louis Bouzou-Fotolia.com

Références des textes

8 : Demandmedia.com ; 53 : National Center for Safe Routes to School ; 57 : Centers for Disease Control and Prevention ; 91 : "Dow Under" by Bill Bryson, Published by Black Swan, Reprinted by permission of The Random House Group Limited ; 103 (1) : "James and the Giant Peach by Roald Dahl, (Puffin, 2011), London, Penguin Books Ltd ; 103 (2, 4, 5) : "Charlie and the Chocolate Factory" by Roald Dahl, (Puffin, 2001), London, "Reproduced by permission of Penguin Books Ltd" ; 103 (3) : "Kiss, kiss, Expect the Unexpected" history 'The Landlady' by Roald Dahl, 2004 London, Penguin Books Ltd" ; 117 : Central Office of Information, produced by Powser ; 143 (bd) : National Center for Safe Routes to School

© Les Éditions Didier, 2013 – ISBN : 978-2-278-07688-8 – Imprimé en Italie
Achevé d'imprimer en avril 2013 par Grafica Veneta – Dépôt légal : 7688/01

Sommaire

Back to school!

Back to school 1

Guess who I am!

→ Textbook p. 12

2 Take the quiz: report the letters (a, b, c...) in the boxes (☐).

3 Imagine what each character is thinking.
Complete the balloons.

TOOLS

Go back to work
wake up early
go to the movies
clean the floor
sleep late
mark papers
wear a tie
go to the gym

Outside the classroom

→ Textbook p. 12

You can use the grid below to prepare your report to the class:

Who?	Feelings?	Why?
Dad	unhappy	loves holidays

Happy when school starts again?

→ Textbook p. 13

BusyBarney

CrystalPhoenix

TimKentucky

JasonLA

Angie

PaoloSF

HappyMom

FORUM

Resolved Question

School – happy when it starts again?

☐	I'm happy to go back because I get to see all of my friends again. And hopefully make new ones too.
☐	I'm ecstatic as well. I'm really excited to be seeing my friends again, and to meet new people! But... not so happy because I love summer! And also, I don't wanna wake up so early :-(
☐	I'm always happy when school starts again and the children are back in school. The house is quiet. I can have ice cream whenever I want and I can go to an early movie on my day off :-))
☐	I'm anxious about going back to school because it's a new school, so I have to start over. I won't know anybody there...
☐	My last real summer break was 10 years ago. Enjoy your holidays while you have them because when you start working, you won't have so many!
☐	I'm glad to go back to school because during the summer I have to work with my dad on a farm. But I'm a little nervous though.
☐	Same for me, Angie. I've only just moved to San Francisco and I must say I'm pretty nervous about meeting my new schoolmates. Plus, my sister has left for college, so I feel quite lonely.

1 Match each comment with the person who wrote it.

Report the pseudos in the boxes (☐).

2 Identify the contributors' feelings.

a. Underline in two different colours:

– the words expressing feelings.

– the reasons for these feelings.

b. Conclude – draw the most appropriate smiley next to each post (☺ 😐 ☹). Compare with your classmates and explain your choices.

3 "Like" the comment(s) you can relate with: circle the 👍.

4 Work on words.

Report all the new words or expressions you have discovered in this activity:

	+	–
Feelings	....	....
Reasons	....	....
Agreement	....	....

Adverbs (– → +)	
a bit, ...	very, ...

Task

→ Textbook p. 13

Your turn! Contribute to the discussion board.

1 Write your contribution to the discussion board (start with the first "you" space).

2 Work in pairs: swap workbooks with your classmate. React to each other's comment. Then, swap again, and again... Try to keep both conversations going!

TIP
Tu as vu dans la page « Words » (manuel p. 18) des mots et des expressions utiles pour réagir. Pense à les utiliser !

FORUM

Resolved Question

School – happy when it starts again?

you	....
your neighbour	....
you	....
your neighbour	....

Back to school 2

Hi! This is my locker!

→ Textbook p. 14

3 What do Zack and Jenny actually keep in their lockers? Why?

a. Watch and listen to <u>Zack</u> and take notes in the chart below (first column). Listen again and check.

b. Watch again and take notes in the second column. Listen again and check.

c. Now watch and listen to <u>Jenny</u>, and do the same.

	Objects / Items	Reason for keeping them
Zack	a frisbee	play with
Jenny		

Back to school 3

Customize your locker

→ Textbook p. 17

How to design your own locker

Every year, you have to go back to school, and every year, you get a new locker. You're going to be using that locker for a good chunk of the year, so it's a good idea to keep it interesting by decorating it.

Choosing your theme

Think about yourself and what you like. You may be interested in celebrities, or you may be more into sports. Write down anything that comes to mind.

Find pictures

Once you have a theme, look through old magazines and newspapers. Find pictures pertaining to that theme, for example, famous sports players you like or celebrities you follow. Find pictures of you and your friends if you prefer.

Decorate your locker

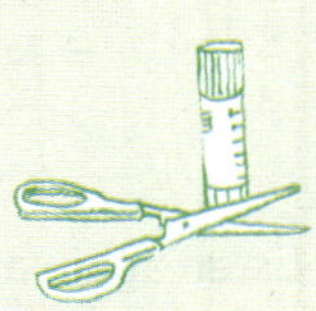

You can make a collage by using wrapping paper[1] for the background and cutting pictures and shapes out of the magazines. Glue them onto the background any way you like. Make multiple collages to hang inside your locker door. Remember, the doors are narrow, so don't make them too big.

TIP! *At the end of the year, you have to clean your locker out. Make it easy by using magnets or sticky putty, which comes off cleanly.*

http://www.ehow.com

1. papier d'emballage

4 **a. Choose four colours to underline:**

– things to do **before** decorating your locker;
– the **items** you will need;
– examples of **themes** mentioned in the text;
– things you can do to **decorate**.

b. Report the information in the following chart:

Things to do before decorating	Items you will need	Examples of themes	Things you can do to decorate
....	....	....	....
....	....	....	....
....	....	....	....

c. Pick out expressions used in the text to talk about interests. Can you think of other expressions? They will help you talk about yourself.

Expressions from the text	Other expressions
....	....
....	....
....	....

d. Can you think of more themes? What themes would you choose for your locker? Why?

....

....

....

Task

→ Textbook p. 17

Write fan fiction.

	Character:		
Occupation	**Personality**	**Interests**	**Items in his/her locker**
....	....	....	....
....	....	....	....

Words

1 a. Identifie les sentiments de chaque smiley à l'aide des adjectifs que tu as appris mais aussi à l'aide d'adverbes d'intensité.

1. 

....

2. 

....

3. 

....

4. 

....

5. 

....

6. 

....

b. Utilise ces adjectifs pour compléter les phrases suivantes :

1. My sister is no longer at home; I feel quite .... and lonely.

2. I'm .... to go back to school and see all my friends again, but I'm .... with my class timetable; we start school at 8 am every single day!

3. "Why are the children so ....?"

"Apparently the school is closed and they can have the day off."

4. I went to bed really late last night, and I feel so .... this morning!

5. "What makes you so ....?"

"I lent John my stapler, and look! It's broken now!"

2 On te propose les activités suivantes ; comment réagis-tu ?

1. Go to a concert by your favourite band.

".."

2. Go for a walk in the countryside.

".."

3. Play in a film.

".."

4. Read a book about climate change.

".."

5. Dress up with a costume of your own creation at school.

".."

3 Légende les photos.

Sais-tu bien prononcer ces mots ? Vérifie dans un dictionnaire de prononciation : www.howjsay.com

4 Barre l'intrus puis donne un nom à chaque catégorie :

1. A disco ball - magnets - a photo - an extra sweater - a collage: ....

2. A textbook - a camera - a pencil case - a binder - a diary: ....

3. Delicious - shy - funny - enthusiastic - annoying: ....

5 Donne le contraire des adjectifs suivants :

1. tidy ≠ ....

2. fun ≠ ....

3. friendly ≠ ....

4. irritating ≠ ....

5. funny ≠ ....

6. organized ≠ ....

Grammar

1. PRÉSENT SIMPLE

a. Observe les énoncés au Présent simple et coche la bonne case :

	Lorsque je dis :	Ce que je dis est vrai : en général	pour le moment de parole	dans l'avenir
A	*"Jenny always keeps some food in her locker."*			
B	*"Sir, I don't feel well. I want to go home. Can I phone my parents?"*			
C	*"Summer starts on a Sunday this year."*			
D	*"Here comes the bus!"*			
E	*"When you start working you won't have long holidays in the summer."*			
F	*"I'm always happy when summer starts again."*			
G	*"I love you."*			
H	*"I love that cake! Did you make it yourself?"*			

b. Souligne dans chaque phrase ce qui t'a permis de choisir.

DÉDUIS !

Un énoncé au Présent simple permet avant tout à l'énonciateur de donner une information.
Cette information peut être vraie (coche la bonne réponse) :
– en général : ☐ oui ☐ non
– au moment de parole : ☐ oui ☐ non
– dans l'avenir : ☐ oui ☐ non

1 Complète les phrases suivantes avec le tag approprié, comme dans les exemples suivants :

Jenny keeps food in her locker, doesn't she?
Jenny does not keep cigarettes in her locker, does she?

1. Your son takes the bus to school, ... ?

2. Everybody loves candies, ... ?

3. Your cousin doesn't do sports, ... ?

4. Most boys love baseball, ... ?

5. I speak good English, ... ?

2 Dis en anglais...

1. à quelle date commencent les prochaines vacances.

. . . .

2. où habite ton/ta meilleur(e) ami(e).

. . . .

3. ce qu'il y a dans ton casier ou dans ton cartable.

. . . .

4. quelle est ta matière préférée à l'école.

. . . .

5. ce que tu adores faire le dimanche.

. . . .

2. *WANT + TO + V*

TO + V

a. Observe les deux énoncés suivants. Encadre les verbes conjugués en rouge et les verbes non conjugués en noir.

A. *Kevin has to work on a farm.*

B. *Kevin wants to work on a farm.*

b. Quel est le sujet de chaque verbe conjugué ? . . . .

Cela signifie donc que c'est . . . . qui **doit** (énoncé A) ou **veut** (énoncé B) travailler dans une ferme.

c. Quel est le mot qui reste entre les deux encadrés ? . . . .

DÉDUIS !

Le mot . . . . .sert à . . . . deux . . . . Le premier est . . . . .et le second est à . . . .

WANT + TO + V

a. Observe les énoncés suivants. Encadre les verbes conjugués en rouge et les sujets en vert.

A. *Kevin wants to work on a farm.* **B.** *Kevin wants Jason to work on a farm.*

b. Quel élément a été ajouté dans l'énoncé B ? . . . .

Où est-il placé ? Juste avant . . . .

Cela signifie donc que Kevin est le sujet de . . . . et que Jason est le sujet de . . . .

Celui qui **veut** est donc . . . . et celui qui fait l'**objet** de cette volonté est . . . .

c. Compare les énoncés A et B avec les énoncés en français qui suivent :

C. Kevin veut travailler dans une ferme. **D.** Kevin veut que Jason travaille dans une ferme.

Quelle est la différence entre le français et l'anglais ? . . . .

DÉDUIS !

Pour dire ce que l'on **veut faire soi-même,** l'assemblage est :

sujet + ... + ... + ...

Pour dire ce que l'on **veut que quelqu'un fasse,** l'assemblage est :

sujet 1 + ... + ... + ... + ...

3 Aux États-Unis, les élèves décident davantage qu'en France ce qu'ils étudient.

a. Imagine que tu es un élève américain. Dis ce que tu veux / ne veux pas faire parmi les propositions suivantes :

1. Start at 7. 30 a.m. and finish at 3 p.m. every day.

. . . .

2. Have cooking classes.

. . . .

3. Learn three languages.

. . . .

4. Have gym classes every morning.

. . . .

5. Organize parties at school.

. . . .

b. **Compare ensuite avec trois réponses d'un(e) camarade et reporte-les ci-dessous :**

1. He / She . . . .
2. He / She . . . .
3. He / She . . . .

4 Dans la famille Simpson, tout le monde n'est pas toujours d'accord !
Choisis un personnage (A) et imagine ce qu'il veut que l'autre (B) fasse (C).

A	B	C
Homer (father)	Homer	L'aider à faire ses devoirs
Marge (mother)	Marge	Ranger sa chambre
Bart (son)	Bart	Jouer avec lui / avec elle
Lisa (daughter)	Lisa	L'aider à préparer le dîner
Maggie (baby daughter)	Maggie	Arrêter de regarder la télé
		Faire ses devoirs
		Être calme

eg: *Maggie wants her father to play with her.*

1. . . . .
2. . . . .
3. . . . .
4. . . . .
5. . . . .

5 Voici les réponses faites à un petit garçon. Imagine ce qu'il avait dit auparavant.

1. *Boy:* . . . .

Parents: But broccoli is very good for you!

2. *Boy:* . . . .

Parents: But you have no choice. All your friends are going.

3. *Boy:* . . . .

Mother: Your dad is busy. He will play with you in 5 minutes.

4. *Boy:* . . . .

School mistress: But you MUST take it off. You are in class now.

3. ÉNONCÉS COMPLEXES (1)

a. Voici ce que viennent de dire trois adolescents. Pour chaque phrase, souligne le verbe *be* et encadre le mot qui le suit immédiatement.

"I'm happy to go back to school."

"I'm anxious to see my friends."

"I'm ecstatic to start baseball again."

b. Quelle est la nature de ces mots ? Coche la bonne réponse :

☐ Noms ☐ Adjectifs ☐ Verbes

c. Recopie ce qui les suit :

. . . .

. . . .

. . . .

d. À quoi servent ces ajouts ?

. . . .

e. Par quel moyen ces ajouts sont-ils effectués ?

Avec le mot outil . . . . suivi d'un . . . .

DÉDUIS !

Pour apporter des précisions à un . . . . (par exemple *happy*, *anxious*, etc.) on peut le faire suivre du mot outil . . . . et d'un . . . . à l'infinitif.

4. ÉNONCÉS COMPLEXES (2)

a. Voici ce que vient de dire un adolescent :

"I'm happy to go back to school."

Il aurait pu en dire un peu plus. Quelle question as-tu envie de lui poser pour qu'il complète sa phrase ?

☐ Why?

☐ When?

☐ Where?

b. Pose la question complète :

. . . .

c. Imagine sa réponse :

. . . .

Quel est le premier mot de la réponse ? . . . .

d. Écris maintenant la réponse complète et encadre le mot qui relie les deux propositions.

I'm happy . . . .

Comme ce mot sert à établir une connexion entre deux propositions, on l'appelle "connecteur".

DÉDUIS !

Grâce aux . . . . on peut relier des propositions entre elles. Cela permet à l'énonciateur d'apporter des . . . .

Indique le type d'informations qu'apportent par exemple :

if: . . . .

as soon as: . . . .

when : . . . .

because : . . . .

in case : . . . .

6 Complète chacun des énoncés suivants en respectant la consigne donnée :

1. I never talk to her . . . . *(donner la raison)*

2. I always keep a drink in my locker . . . . *(évoquer une éventualité)*

3. I will give you a biscuit . . . . *(dire quand)*

4. My father will give me £10 . . . . *(dire la condition à remplir)*

7 **Relie chaque énoncé de la colonne A à un énoncé de la colonne B au moyen d'un des connecteurs fournis. Écris ensuite toutes les phrases que tu as reconstituées.**

even if - as soon as - because - till - where

A	B
1. My children love Coke	**a.** his parents left the house.
2. He wants to start baseball again	**b.** he gets married.
3. I don't know	**c.** my teacher lives.
4. He wants to live with his parents	**d.** he loves it.
5. He switched on his computer	**e.** they know it is bad for them.

. . . .

. . . .

. . . .

. . . .

. . . .

5. POSER DES QUESTIONS AU PRÉSENT SIMPLE

a. Lis le dialogue suivant :

"Emma, what do you have for "Show and Tell"?"

"I have a fossil. Do you want to see it? It's in my locker."

"Wow! You keep a lot of things in your locker!"

"Well, I keep my textbooks, some pens, some clothes..."

"Do you keep food?"

"Of course I do! What do you keep in your locker?"

"Er... I don't keep much in it..."

"How come?"

"Because it doesn't lock actually."

"Where do you keep all your things then?"

"In my bag!"

b. Souligne de deux couleurs différentes :
– les questions auxquelles on répond par « oui » ou par « non » ;
– les autres questions.

c. Observe les questions à réponse « oui » ou « non ». Dans quel ordre trouve-t-on les éléments suivants : verbe, opérateur, sujet ?

1. . . . .

2. . . . .

3. . . . .

d. Observe les autres questions : par quels mots commencent-elles ?

. . . .

Quels sont les éléments qui viennent ensuite ?

. . . . + ... + ...

DÉDUIS !

Le noyau de toute question au Présent simple est le suivant :

. . . . + ... + ...

À la troisième personne du singulier, l'opérateur est : . . . .

8 Pose la question qui permet de trouver l'information manquante.

1. ... thinks he is very handsome.

. . . .

2. The Maths teacher lives in...

. . . .

3. My friends want to...

. . . .

4. I love...

. . . .

5. He has two pets: a ... and a ...

. . . .

9 **Tu as l'occasion d'interviewer une célébrité de ton choix. Imagine de qui il s'agit et prépare tes questions. Voici quelques pistes :**

place of residence - family - hobbies - job.

....

....

....

....

Pronunciation

1 **Prononcer la lettre « O »** track 8

a. Tous les mots suivants contiennent la lettre « o » :

word - scissors - computer - locker - going - movie - one - object - decorate

Écoute chaque mot et souligne la syllabe accentuée.

b. Coche la case qui convient dans le tableau selon la prononciation du « o ».

	/ə/	/u:/	/ɜ:/	/ʌ/	/ɒ/	/əʊ/
*w**o**rd*						
*sciss**o**rs*						
*c**o**mputer*						
*l**o**cker*						
*g**o**ing*						
*m**o**vie*						
***o**ne*						
***o**bject*						
*dec**o**rate*						

c. Quelle conclusion en tires-tu ?

Quand la lettre « O » n'est pas dans la syllabe . . . . , elle est prononcée avec le son / . . . . . / que l'on trouve dans l'article « a ».

2 Les voyelles /ɒ/ de *box*, /ɔ:/ de *door* et /əʊ/ de *coat*. track 9

Écoute les mots suivants. Comment se prononce la voyelle accentuée ? Comme dans *box* ? Comme dans *door* ? Ou comme dans *coat* ?

	box /ɒ/	door /ɔ:/	coat /əʊ/
clothes			
phone			
spot			
sports			
awesome			
odd			
comb			
ball			

1 Teen spirit

Discover

"It's really fun to change up for a day"

→ Textbook p. 24

2 Before listening

You're going to listen to Elena commenting on these pictures. Note down what you expect to hear (event, people, costumes, feelings...).

3 b. Listen

Note down what you did hear.

David Lloyd
RACQUET & FITNESS CLUB
Charity
'Swimathon'

Understand

What is Spirit Week?

→ Textbook p. 26

FORUM

Red

Resolved Question

What is Spirit Week?

I'm from the UK and I am wondering: a lot of Americans post questions about "Spirit Week", like what to wear for Spirit Week. But, what is Spirit Week?!

2 weeks ago

Marygoround

Best Answer - Chosen by Voters

Spirit Week is a week-long celebration in American high schools. It usually takes place in the fall just before homecoming (homecoming is a big football game and dance when former students[1] return to the school).

The purpose is to get students excited, enthusiastic and supportive of the school. At my high school we had a different theme for each day (60s/70s day, crazy hat day, crazy hair day, etc), and you dress up accordingly.

Emilia

The idea of Spirit Week is to get students involved and united in promoting the school. Each day of the week has a theme. For example, my school is having Spirit Week right now and here are our themes:

Monday:	Decades day
Tuesday:	Tacky day (dress as ugly and tacky as possible)
Wednesday:	Dress up as a teacher day
Thursday:	Twin day (wear the exact same clothes as someone)
Friday:	Color day (each grade wears a different color to promote unity)

People do it mainly to have fun and it's tradition.

1. *anciens élèves*

2 a. Underline in four different colours elements that indicate:

- where it takes place,
- when it takes place, and for how long,
- what it consists in,
- what it is for.

b. **Report the information in the following chart:**

Where?	When? / How long?	What?	What for?

c. **Read again what the text says about homecoming.**

TIP
Comment le mot "homecoming" est-il composé ?
Homecoming = ... + ... + ...

Why is it called "homecoming"?

. . . .

. . . .

Training task

→ Textbook p. 27

Listen and write about special days.

1 Get ready to listen.

Look at the names of the days and try to imagine what they are about.

TIP
Rappelle-toi ce que tu as appris à propos de la formation des noms composés.

1. Lazy Day / Video Games Day / No Homework Day.
2. Languages Day / Horrible History Day / Bad Poetry Day.
3. Dress Up Your Pet Day / Dress Up Your Best Friend Day / Dress Up As Your Pet Day.
4. Mothers' Day / Valentine's Day / Teachers' Day.
5. Multiple Personality Day / Crazy Hair Day / Twin Day.

2 Listen and circle the days the people are celebrating in the list above. track 11

3 Get ready to write.

In groups, choose one of the other days and imagine what you could do to celebrate it. Think about:

Costumes	Events / Games	Atmosphere / Feelings

4 **Write a draft of your contributions.**

FORUM

Audrey Koutny

Resolved Question

What are you doing for Spirit Week?

our group

. . . .

. . . .

. . . .

. . . .

5 **Read your classmates' contributions.**

Vote for the best ideas: fill in the ballot your teacher will give you.

Words

1 **Tu dois d'organiser Charity Week dans ton collège. Pense à des activités possibles et répartis-les dans les différents lieux de l'école.**

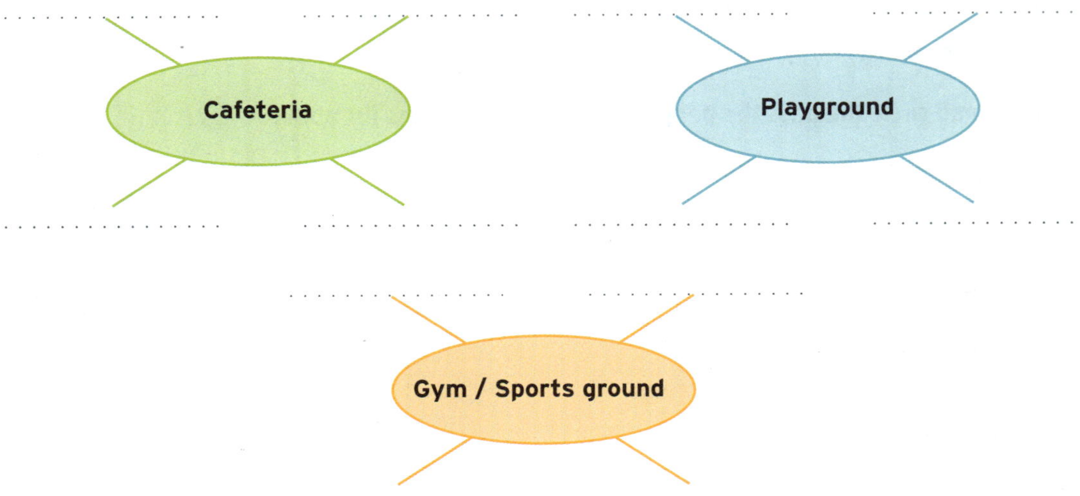

2 Barre l'intrus dans chaque groupe de mots et donne un titre à ce groupe.

schoolbag wig costume make up	wacky shirt day tacky hat day ugly pants day pretty evening dress day

1. .... **2.** ....

school canteen classroom bedroom playground	raise money collect donate money raise funds

3. .... **4.** ....

3 Deux élèves parlent de Charity Week. Complète leur conversation en te servant des indices en gris (tu peux écrire par-dessus).

"Hi Liam, I saw you selling ......nom...... in the ......nom....... Did you ......verbe...... ....quantité.... money?"

"Yes we did! Nearly £100! We're going to ......verbe..... it to a ......nom...... for children. What about you, Emma?"

"Well, with a couple of friends, we ......verbe...... a fashion show tomorrow!"

"Wow! That's great! Where are you doing it?"

"In the ......nom......., we need a lot of space."

"I'd love to ......verbe....... Is it too late?"

"No, of course not, we always need help! Well, come with me then, we have a lot to do!"

Grammar

1. PRÉSENT SIMPLE / PRÉSENT *BE + -ING*

a. Lis attentivement les énoncés suivants :

A. *"I can't help you today. It's a very special day. I'm inviting all sorts of neighbours to come and celebrate with me."*

B. *"How much are your doughnuts, please?"*
"They cost £1.25 each."
"Do you make them yourselves?"
"We do, actually and everybody loves them."

C. *"What are you up to today?"*
"Today I'm looking after someone that I love [...]. I'm buying her flowers, I'm cooking her dinner. I'm being a good son. I'm thanking her for all the things she's done ever since I was born."

D. *"This is a picture of our tuck shop. We are selling doughnuts."*

b. Coche la ou les bonne(s) réponse(s) et raye les autres :

En **A**, l'énonciateur :
☐ est en train de parler à une amie / ☐ est en train d'inviter des gens.
☐ dit qui il invite parce que son amie le lui demande.
☐ dit ce qu'il a prévu de faire pour préciser pourquoi il n'est pas disponible.

En **B**, l'énonciateur :
☐ donne le prix des *doughnuts* / ☐ justifie le prix des *doughnuts*.
☐ dit qui les a faits.
☐ explique pourquoi il les a faits.

En **C**, l'énonciateur :
☐ est en train de s'occuper de sa mère / ☐ est en train de parler à une amie.
☐ essaie de se mettre en valeur en faisant la liste des choses qu'il va faire.
☐ est en train de dire « Merci maman ! » / ☐ est en train d'expliquer comment il remercie sa mère.

En **D**, l'énonciateur :
☐ est en train de vendre des *doughnuts*.
☐ décrit une photo où on le voit vendre des *doughnuts*.
☐ explique ce qu'on voit sur la photo.

DÉDUIS !

Lorsque le but premier est d'informer, on emploie ....

Lorsque le but premier est d'apporter des précisions à propos du sujet, on emploie

....

1 À partir des éléments suivants, fabrique des énoncés en respectant les consignes qui te sont données. Tu dois choisir entre Présent simple et Présent *be + -ing*.

1. Elena / help / her dad on Saturday - *tu expliques pourquoi Elena n'ira pas à la piscine samedi :*

2. Elena / be / a good daughter - *la mère d'Elena vient de dire tout ce que sa fille fait pour elle et conclut par :*

3. Elena / be / a good daughter - *la mère d'Elena dit quel genre d'enfant est sa fille :*

4. My son / love / chocolate - *une mère dit à la nourrice ce que son fils aime manger :*

5. He / love / it - *tu réagis en voyant quelqu'un se régaler :*

2 C'est Charity Week dans ton collège cette semaine. Tu montres ces photos à un camarade et tu expliques ce qu'on y voit car il n'y a pas participé. Écris-le sous chaque photo.

2. EXPRIMER LE BUT : *TO* + V

a. L'énoncé suivant comporte deux verbes et un sujet :

He sells cakes ***to*** *raise money for Charity Week.*

Les verbes sont : . . . . .et . . . .

Le sujet est : . . . .

Quelle partie de l'énoncé indique le **but à atteindre** ? . . . .

Quel est le mot qui indique cette **idée de but à atteindre** ? . . . .

Dans cette partie de l'énoncé, le verbe est-il **conjugué / non conjugué** ? . . . .

b. Observe maintenant les énoncés suivants :

What [does Ben sell cakes] for?

To raise money for Charity Week.

Que trouve-t-on à l'intérieur des crochets ? Une . . . .

Comment est-elle formée ? . . . . . + ... + ... + ...

Que trouve-t-on devant cette question ? . . . . Et derrière cette question ? . . . .

DÉDUIS !

Pour **dire** ce que le sujet cherche à faire, quel but il veut atteindre, l'énonciateur utilise le mot . . . . . suivi d'un verbe . . . .

Pour **demander** ce que le sujet cherche à faire, il suffit de mettre . . . . .et . . . . .de part et d'autre d'une question.

3 Utilise les éléments proposés pour poser des questions à propos du but à atteindre. Réponds ensuite à ces questions.

Forme d'abord une question « fermée » :
You / collect / money → Are you collecting money?
Ajoute ensuite les mots nécessaires pour poser la question sur le but :
What are you collecting money for?
Pour finir, trouve une réponse possible :
To help a cancer charity.

tip
Attention à la conjugaison des verbes : choisis bien entre ***be*** + ***-ing*** et la forme simple.

1. Tom / get up / early

. . . .

Réponse possible :

. . . .

2. You / say "Mum you are the best"

. . . .

Réponse possible :

. . . .

3. You / need / a laptop

. . . .

Réponse possible :

. . . .

4. You / make all these cakes

. . . .

Réponse possible :

. . . .

3. N1 N2 : LES NOMS COMPOSÉS

a. Lis les phrases suivantes :

They are organizing a [*charity week*].

They were in their [*bedrooms*].

His [*classmates*] *like him.*

There are 5 or 6 different [*telephone companies*].

There is no money on my [*bank account*].

He built a [*swimming pool*].

b. Observe les blocs encadrés. Chacun est composé de deux noms, attachés ou séparés. Lequel est le nom principal et lequel apporte des précisions ? Souligne en rouge le nom principal et en vert celui qui apporte des précisions :

charity week	*classmates*	*bank account*
bedroom	*telephone companies*	*swimming pool*

Le nom important est toujours en . . . . position ; le nom qui apporte des précisions est toujours en . . . . position.

Lequel des deux noms se met au pluriel ? C'est le . . . .

Traduis ces noms en français. Que remarques-tu ?

. . . .

c. Comment dis-tu un « ballon de rugby » en anglais ?

. . . .

Et au pluriel ?

. . . .

d. Comment dis-tu un « ballon rouge » en anglais ?

. . . .

Et au pluriel ?

. . . .

DÉDUIS !

Quand on assemble deux noms qui n'en font plus qu'un, l'ordre est le suivant :

Le nom important est le . . . .

Le nom qui donne des précisions est le . . . .

Le nom qui peut se mettre au pluriel est le . . . .

Quand on utilise un adjectif pour apporter des précisions à un nom, il se place ☐ avant ☐ après le nom. Seul ☐ l'adjectif ☐ le nom peut se mettre au pluriel.

Les noms composés peuvent s'écrire :

– en . . . . seul mot comme . . . . ;

– en . . . . mots séparés comme . . . .

4 Associe les mots proposés aux illustrations.

Horse race - chocolate milk - dining-room - milk chocolate - race-horse - living-room

5 a. Dans chaque nom composé ci-dessous, souligne l'élément principal (N2) :

tennis ball - yearbook - classmate - bedroom.

b. Propose d'autres noms composés en changeant N1.

Exemple : tennis ball → basket ball

6 Complète les espaces avec des noms composés de ton choix.

1. We are playing tennis this morning. I've got my racket all right but where are the ...?

2. Football and rugby are very popular ... in Britain and France.

3. I never go into my sister's ... . She does not like it.

4. Do you play ... on your laptop?

5. I lost my ... and I took a taxi back home.

Pronunciation

❶ *Is* ou *are* ?

a. Écoute une première phrase et répète-la. Écoute une deuxième phrase et répète-la. track 14
Maintenant écris ces deux phrases et vérifie avec ton professeur. D'un point de vue grammatical qu'ont-elles de différent ? Pour la prononciation : quelle est la seule différence ?

. . . .

. . . .

. . . .

. . . .

. . . .

. . . .

b. Écoute maintenant trois phrases et encadre celles que tu crois avoir entendues. track 15

1. *My rose is red / My roses are red.*

2. *My brother's talking / My brothers are talking.*

3. *Your violets are blue / Your violet's blue.*

Ré-écoute, vérifie avec ton professeur et répète maintenant pour chaque ligne chacune des deux phrases.

c. Quelle conclusion en tires-tu ?

La forme pluriel de *be* au Présent simple *(are)* est la plupart du temps prononcée / . . . . . /, comme l'article « a ».

Quand le son qui est juste avant *are* est une consonne, comme le / . . . . . / de la phrase **1**, le / . . . . . / de la phrase **2** ou le / . . . . . / de la phrase **3**, on fait une liaison.

❷ Mots grammaticaux et prononciation en /ə/

a. Écoute les phrases suivantes et encadre les syllabes accentuées en rouge. track 16

1. *He is going to have his day in the spotlight!*

2. *I'm inviting all sorts of neighbours to come and celebrate.*

3. *I'm showing that I really care about her.*

4. *I'm thanking her for all the things she's done for me since I was born.*

5. *Look! There's my friend Jackie.*

6. *I think there are two or three books for you in there.*

7. *Why weren't you at school today?*

8. *It's a charity that helps people in Africa and other countries.*

b. Ré-écoute les phrases et mets entre parenthèses les mots non accentués prononcés avec le son /ə/. Entraîne-toi à écouter et prononcer ces phrases en réduisant au son /ə/ les mots grammaticaux.

Comment est prononcé exactement le mot *and* dans la phrase 8 ? / . . . . . /

Donne un autre exemple dans lequel *and* est prononcé de la même façon – pense à un des plats préférés des Anglais ! . . . .

Indique comment se prononce *there is* dans :

There is a letter for you. → *There is:* / . . . . /

Et comment se prononce *there are* dans :

There are two books for you. → *There are*: / . . . . /.

c. Quelle conclusion en tires-tu ?

Les mots « grammaticaux » sont la plupart du temps réduits au son / . . . . . /.

On les entend à peine mais ils sont bien présents ! Voici des exemples de ces mots :

. . . .

. . . .

2 Freezing!

Discover

"Head over heels in love with Canada!"

→ Textbook p. 36

2 a. Pick out the following information:

Places and monuments	Activities	People
....	....	....
....	....	....
....	....	....
....	....	....
....	....	....
....	....	....
....	....	....

Weather	Time	Animals
....	....	....
....	....	....
....	....	....
....	....	....
....	....	....
....	....	....
....	....	....

b. Note down words related to feelings and opinions:

Adjectives	Expressions

c. Conclude: how do the people feel about their Canadian experiences?

☐  ☐  ☐ 

d. Work on words.

Think of more words related to feelings and opinions.

	Adjectives	Expressions

Outside the classroom

→ Textbook p. 36

You can use the grid below to prepare your report to the class:

The adult you interviewed told you about:	Place and date
☐ a good memory ☐ a bad memory ☐ an embarrassing memory	It happened in . . . . place . . . . , in . . . . . . date . . . . . . / . . . . ago.
What happened?	**Feelings**
. . . .	He / She felt . . . . It was . . . .

Training task

→ Textbook p. 37

Write a comment on a holiday photo.

1 a. Choose one of the following pictures. Research what it shows on the internet, then write a comment on a separate sheet of paper.

tiP

- Consulte la carte du Canada à la fin de ton manuel.
- Reporte-toi à l'activité **2a** p. 36 pour le type d'informations à mentionner.
- Pense à réutiliser les mots et expressions précédemment relevés.

b. Copy the best comment under each photo.

Ice sculpting contest at Lake Louise, Alberta.

Snow rafting at the Winter Carnival in Quebec.

Dog-sledding in Quebec.

The snow train from Toronto to Jasper.

Understand

A tourist's testimony

→ Textbook p. 38

facebook Search for people, places and things Lucy Find

Lucy Graham

✓ Friends Message

Studies at Van Buren High School
Lives in Tampa, Florida
Born on January 25
Knows English Language, Spanish Language

About

Friends 240

Photos 13

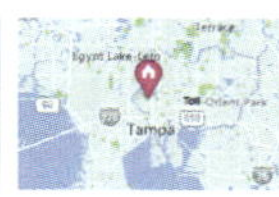

Map 55

Likes 92

Lucy Graham
February 24th

Winter camping! - with Anna Graham and Grandma and Grandpa

Like · Comment · Share

10 people like this.

Jose Garcia Wow! Your holidays look a lot more exciting than mine in Wisconsin! Did you like it?
Thursday at 3:01am via mobile · Like

Lucy Graham OMG yeah! It was awesome! We had so much fun, even though it was freezing outside. We layered up but it was a lot colder than in Toronto.
Thursday at 9:17am · Like 1

Jose Garcia Hey Anna, how about the campfire, dude? You could be in Survivor!
Friday at 10:34pm · Like 1

Anna Graham Lol! Well, my grandpa helped :-)
Friday at 10:45pm · Like

Lucy Graham Yeah! Anna's a GREAT survivor! I remember how she freaked out 'cause she thought there was a bear. But it was just a moose!
Saturday at 11:32am · Like

Lucy Graham
February 22nd

Like · Comment · Share

Shannon Brink Where was it? It looks huge!
February 23rd · Like

Lucy Graham I know! This is Toronto's PATH, a giant underground mall. They built it so that people can get away from the cold (it is -24°C right now!). We went on Saturday and it was amazing! Can you imagine?! There are 28kms of pedestrian tunnels, 1,200 shops [paradise for u :-)] and it connects 50 buildings and 5 subway stations! We spent the whole day there without going out! I loved it. And the clothes are so much cheaper than in the US!!
February 23rd · Like

1 a. Underline in three different colours information about:

– the author of the Facebook page (identity, hometown, age, family...),

– her holiday (destination, activities, weather, travel companions...),

– how people deal with the cold.

b. Work on words.

Note down the words and expressions she uses to talk about her feelings:

....

....

....

c. Lucy uses the following abbreviations. Write them in full.

	Full expressions	What they mean / express
OMG!		
LOL!		
'cause she thought...		
Paradise for u		

Do you know other ones?

....

....

A professional's story

→ Textbook p. 39

2 Find out:

a. Details about Dave's job:

– place: ....

– what he does: ....

– qualities required: ....

– advantages: ....

– drawbacks / risks: ....

b. **Elements that explain why he chose the job:**

. . . .

. . . .

c. **How he feels about his job and why:**

. . . .

. . . .

d. **Now listen again and list the questions the journalist asks.**

. . . .

. . . .

. . . .

e. **Can you think of other questions you could ask Dave?**

. . . .

. . . .

Training task

→ Textbook p. 39

Take part in an interview about fun Canadian jobs.

	Interviewee's answers	Interviewer's questions
What you do		
When / How you started		
Qualities required		
Advantages		
Drawbacks		
Reason for choosing this job		
Other		

Words

1 Lis les définitions suivantes et trouve le mot correspondant :

1. An adjective to describe something that you will remember for the rest of your life:

....

2. An adjective to describe something that left you slack-jawed: ....

3. People who live in the country or the city you're visiting: ....

4. How you feel when something wasn't as good as you expected: ....

2 a. Lis à voix haute le message qui apparaît sur l'écran puis déchiffre-le en suivant les conseils ci-dessous :

– Lis les **chiffres** comme ils se prononcent.
– Comment se prononce la lettre « U » dans l'alphabet anglais ? Lis le message à voix haute en remplaçant chaque « U » par ce son.
– Fais pareil pour la lettre « C ».
– « asap » est un **acronyme** (comme LOL). Chaque lettre est donc la première d'un mot, et « asap » signifie « dès que possible » en français !

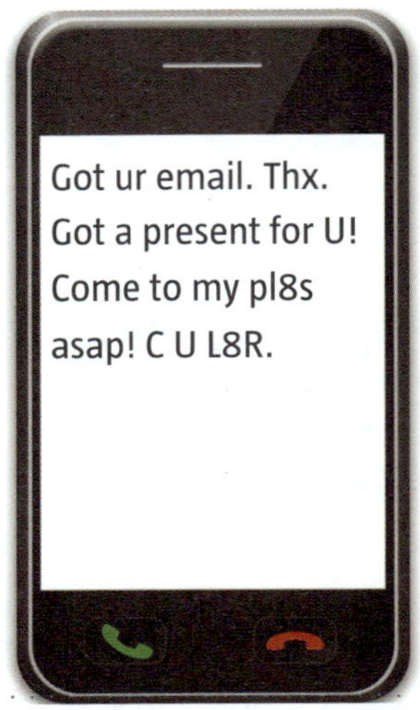

b. Transcris le message en anglais correct :

....

....

3 Complète ce récit de vacances avec les mots ci-dessous :

awesome - weather forecast - storm - landscapes - frustrated - skiing - heli-skiing - snow - irritating.

"On my first day in Canada, I really wanted to go .... but I checked the .... and they said a .... was building up. I was so ....! You know, being stuck in a hotel room when I could be enjoying the beautiful .... and the fresh powder ...., so ....! Anyway, to make up for it, my brother and I decided that instead we would go .... the next day. And that was the right thing to do, believe me - it was just ....!"

Grammar

1. PRÉTÉRIT + *AGO*

PRÉTÉRIT

a. Observe la phrase suivante, puis encadre les verbes conjugués et souligne les indications de temps.

They go on holiday every winter. Last year, they went to Alaska and travelled across the country by dog-sledding.

b. Reporte-les ci-dessous et indique de quelles conjugaisons il s'agit :

Verbes	Indications de temps	Conjugaisons
. . . .	. . . .	. . . .
. . . .	. . . .	. . . .
. . . .	. . . .	. . . .

c. Regarde les deux verbes qui renvoient au passé et observe leur forme. Comment sont-ils construits ?

travelled : . . . .

went : . . . .

DÉDUIS !

Pour évoquer un événement qui s'est déroulé avant le moment où il parle, l'énonciateur a recours au . . . . , qui se construit (forme affirmative) :

– pour les verbes réguliers : . . . . . + ...

– pour les verbes irréguliers : . . . .

AGO

a. Lis les phrases suivantes, puis encadre les verbes conjugués et souligne les indications de temps.

[We are in 2011.] **A.** *They spent their holidays in Toronto five years ago.*

B. *They spent their holidays in Toronto in 2006.*

Quelle **conjugaison** est employée dans la phrase **A** ? ☐ Présent ☐ Prétérit

Quelle **conjugaison** est employée dans la phrase **B** ? ☐ Présent ☐ Prétérit

Quelle **indication de temps** est employée dans la phrase **A**? . . . .

Comment est composée cette expression ? . . . . . *mesure de temps* . . . . . + ...

Quelle **indication de temps** est employée dans la phrase **B** ? . . . .

Comment est composée cette expression ? . . . .+ année

b. Quelle est la différence entre la phrase A et la phrase B ?

– Dans la **phrase A**, l'énonciateur situe le moment où l'événement a eu lieu :
☐ à l'aide d'une date fixe, sans rapport avec le moment où il parle.
☐ en disant combien de temps s'est écoulé entre l'événement et le moment où il parle.

– Dans la **phrase B**, l'énonciateur situe le moment où l'événement a eu lieu :
☐ à l'aide d'une date fixe, sans rapport avec le moment où il parle.
☐ en disant combien de temps s'est écoulé entre l'événement et le moment où il parle.

DÉDUIS !

Pour indiquer le . . . . écoulé entre le moment où l'on parle et le moment où l'événement s'est produit, on a recours à . . . . Cet outil fonctionne avec la conjugaison . . . . et se place dans la phrase ☐ avant / ☐ après l'indication de mesure de temps.

FOR

a. Lis la phrase suivante, puis souligne les indications de temps.

They lived in Canada for five years, from 2001 to 2006.

b. Quels mots accompagnent chaque mesure ?

– *five years* est introduit par . . . .,

– Dans *from 2001 to 2006*, le mot . . . . introduit le **point de départ** et le mot . . . . introduit le **point d'arrivée.**

Si *for five years* et *from 2001 to 2006* désignent le même laps de temps, qu'introduit *for* ?

Une . . . .

Les personnes dont on parle habitent-elles toujours au Canada ? ☐ oui ☐ non

DÉDUIS !

Pour indiquer . . . . a duré un événement dans le passé, l'énonciateur utilise . . . . qu'il place juste . . . . l'indication de mesure de temps.

1 Indique quelle est la conjugaison utilisée (verbes en gras) dans chaque énoncé. Comment fais-tu pour le savoir ?

1. Fred **cut** his birthday cake himself.

. . . .

2. They say Toronto **beat** Alberta in the hockey championship.

. . . .

3. My dad **bet** £20 on the wrong team. Hard luck!

. . . .

4. That book **costs** £50. I find it quite expensive for a book!

. . . .

5. He **read** one of Jack London's novels when he was young.

. . . .

2 Complète les phrases suivantes avec les éléments qui conviennent en tenant compte des indices proposés (en gris) :

1. My friend . . . . . verbe . . . . . . to Quebec three years ago. She . . . . . ♥♥♥ . . . . . it! She thought it was . . . . . adjectif ++ . . . . . .

2. When you . . . . . verbe . . . . . . in the Ice Hotel, ... verbe . . . . you cold? . opérateur . the manager . . . . . . verbe . . . . . . you warm blankets?

3. My favourite memory is when we . . . . . verbe . . . . . . a guided tour of the Hudson Bay. We . . . . verbe . . . . very lucky because we . . . . verbe . . . . . a female polar bear feeding her baby! That . . verbe . . . the experience of . . . . groupe nominal . . . . .!

4. I . . . . . verbe . . . . . . to Ontario last winter, and I was so . . . . . . ☹ . . . . : everybody . . . . . verbe . . . . . . that I would see polar bears, whales and seals, but in fact I . . opérateur . . .! No bears, no whales, nothing!

3 Conjugue le verbe entre parenthèses et précise depuis combien de temps l'événement a eu lieu. Écris les chiffres en toutes lettres.

eg: Christopher Columbus arrived in America in 1492, more than five hundred years ago.

1. Europeans (bring) . . . . new animals into America in the 17th century,

. . . .

2. The Canadian Maple flag (appear) . . . . in 1965,

. . . .

3. Canada (organize) . . . . the Olympic Games in Montreal in 1976,

. . . .

4. The first Canadian subway line (open) . . . . in Toronto in 1954,

. . . .

5. The first submarines (arrive) . . . . in Canada in 1914,

. . . .

6. The first Canadian satellite (go) . . . . into space in 1962,

. . . .

2. *HOW LONG? / HOW LONG AGO?* + PRÉTÉRIT

a. Observe ces deux questions :

A. *How long did he work in Vancouver?*

B. *How long ago did he work in Vancouver?*

Quelle conjugaison est employée dans les phrases **A** et **B** ? . . . .

b. Souligne les mots interrogateurs en A et B, puis reporte-les dans le tableau ci-dessous :

Mots interrogateurs	. . . .	. . . .
Réponses possibles	He worked in Vancouver **for two years**.	He worked in Vancouver **two years ago**.

Rappelle ici l'ordre des mots d'une question avec la conjugaison Prétérit :

Mot interrogateur + ... + ... + ... ?

DÉDUIS !

On emploie la question . . . . *long?* pour savoir combien de temps **a duré** un événement.

On emploie la question . . . . *long* . . . . ? pour savoir combien de temps **s'est écoulé** entre le moment où s'est déroulé l'événement et le moment où l'on parle.

3. LE COMPARATIF DES ADJECTIFS

As… as

a. Lis les phrases suivantes :

A. *Canada can be as cold as Russia.*

B. *I think Florida is as pretty as Canada, even though it's very different.*

C. *Riding a bike can be as dangerous as skiing.*

Combien d'éléments l'énonciateur compare-t-il dans chaque énoncé ? . . . .

b. Encadre en rouge les adjectifs que l'énonciateur utilise pour les comparer.

Combien ont-ils de syllabes chacun ? Le 1er : . . . .   Le 2e : . . . .   Le 3e : . . . .

c. Encadre en vert ce qui est juste avant et juste après ces adjectifs et reporte-le ici :

. . . . / . . . . Que remarques-tu ? Ces éléments sont ☐ identiques ☐ différents

d. Que peux-tu en déduire ?

L'énonciateur indique que :

☐ le premier élément est supérieur.   ☐ le deuxième élément est supérieur.

☐ les éléments comparés sont égaux.

More… than

a. Lis à présent les phrases suivantes :

A. *To me, British Columbia is **colder**, **wilder** and more **snowy** than anywhere else.*

B. *I think heli-skiing is more **exciting** than regular skiing.*

C. *I must say the landscapes were more **beautiful** in Canada than in Norway.*

b. Observe les adjectifs en gras.

Quel est le point commun entre les deux premiers ? . . . .

Décompose-les :

. . . . + ... + ...

Combien de syllabes ont ces deux adjectifs ? . . . .

c. Observe les autres adjectifs.

Quel mot les précède ? . . . .

Combien de syllabes ont ces deux adjectifs ? . . . .

Les adjectifs qualifient un premier élément et sont suivis du mot . . . . .qui introduit un deuxième élément.

d. Qu'indique l'énonciateur ?

- ☐ que le premier élément est supérieur.
- ☐ que les éléments comparés sont égaux.
- ☐ que le deuxième élément est supérieur.

DÉDUIS !

L'énonciateur peut utiliser des adjectifs pour comparer des éléments entre eux – choses ou êtres humains.

S'il juge que ces éléments sont **égaux**, il adopte la structure . . . .+ adjectif + ...

S'il juge qu'un des éléments est **supérieur** à l'autre, il adopte une structure différente, qui dépend du nombre de syllabes de l'adjectif :

– adjectif d'**une syllabe** : adjectif + terminaison . . . .+ *than*

– adjectif de **trois syllabes et plus** : . . . . + adjectif + *than*

Beaucoup d'adjectifs de **deux syllabes** peuvent entrer dans les deux schémas de fonctionnement (cela dépend du contexte et de l'intention de l'énonciateur) :

soit : adjectif + terminaison . . . ., soit : . . . . + adjectif.

Mais, quelle que soit la forme choisie, il y a bien besoin de . . . . après l'adjectif pour comparer avec le deuxième terme.

Toutefois, certains adjectifs de deux syllabes ne fonctionnent qu'avec *more + than*.
Il s'agit – entre autres – de ceux terminés par *-ing (boring)*, *-ous (jealous)*, *-ful (helpful)*, *-al (fatal)*, *-less (helpless)*, *-ed (worried)* et *-ite (polite)*.

Il arrive même parfois que des adjectifs d'une seule syllabe fonctionnent comme ceux de trois syllabes... Tu en trouveras au moins un exemple (*free*) dans les propos du moniteur de *heli-skiing* (manuel p. 39).

4 À toi de juger ! Compare les éléments suivants avec l'adjectif proposé entre parenthèses.

1. Visiting monuments is (interesting) .... sport.

2. Canadian singers are (pretty) .... French ones.

3. American landscapes are (beautiful) .... European ones.

4. Canadian films are (clever) .... American ones.

5. Sea animals are (big) .... in Canada.

5 La semaine dernière a eu lieu un championnat du Monde. Avec un camarade, choisissez quel était le sport concerné et quel pays a gagné. Expliquez ensuite pourquoi ce pays a gagné en comparant les performances, les athlètes, etc. de son équipe avec ceux d'un autre pays.

eg: The English football team won the last World Cup because the British players are better than the French ones.

....

....

....

....

....

6 Tweet à propos de ton séjour au Canada !

Tu es à l'aéroport pour repartir du Canada. En attendant d'embarquer, poste un message sur Twitter à propos de tes vacances (écris-le sur le premier écran, page suivante).

Donne ton tweet (140 caractères maximum) à un camarade qui devra répondre dans ton *work-book* et te le redonnera pour que tu fasses de même.

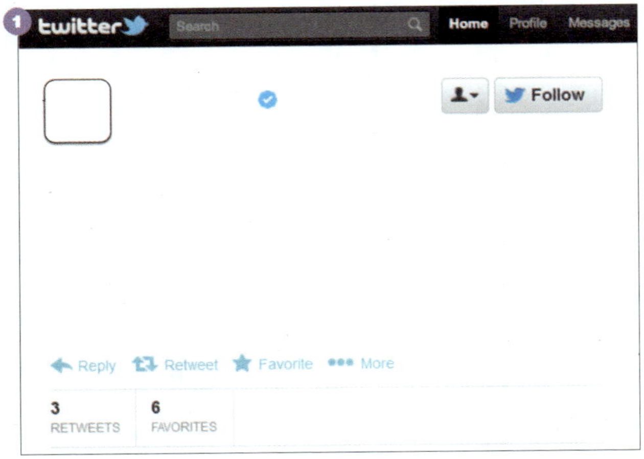

Pronunciation

1 a. Écoute les phrases suivantes et ajoute les mots manquants. track 22

1. And we . . . . sight of . . . . bears.

2. He took a . . . . degree at university.

3. I don't want to . . . . up.

4. And I can . . . . for emergency . . . . if there's an . . . .

5. He started a . . . . as a . . . .

b. **Répète chacun des mots que tu as trouvés puis classe-les dans le tableau en fonction du son de la voyelle accentuée.**

/ɪə/	/e/	/əʊ/	/ɔː/	/æ/
beer	bed	boat	bought	bat
....	....	....	....	....
....	....	....	....	....
....	....	....	....	....
....	....	....	....	....

2 How good are you at pronouncing "h"? track 23

a. **Écoute et répète les phrases, puis écris-les ci-dessous.**

....

....

....

....

b. **Souligne les mots commençant par la lettre « h », puis répète chacun d'eux.**

ATTENTION

N'oublie pas qu'en anglais la lettre « h » correspond à un son ; ce son est un souffle.
Ne pas « souffler » donne un mauvais accent et est source de malentendus.
Par exemple : *air ≠ hair ; at ≠ hat ; eels ≠ heels* (anguilles ≠ talons), etc.

3 a. Écoute les mots suivants et répète-les. track 24

accommodation - attraction - competition - station

b. **Entoure la syllabe accentuée de chacun d'eux.**

Ces mots ont deux choses en commun. Lesquelles ?

....

....

c. **Quelle conclusion en tires-tu ?**

Tous les mots terminés par ***-ion*** sont accentués sur ....

ATTENTION

Il y a une exception à cette règle (sur plusieurs milliers de mots). Il s'agit d'un mot qui désigne un objet que tu regardes peut-être un peu trop chez toi : .... Il est, lui, accentué sur la première syllabe.

3 Getting around

Discover

"I take the bus every morning"

→ Textbook p. 48

Here are two things the boy is going to say…

	❶ Imagine why	❷ Check your answers and pick out expressions used by the boy
"I take the bus every morning"	....	....
"It's fun"	....	....

"Walking to school is cool"

→ Textbook p. 49

2 a. **Cut out the five missing paragraphs on p. 143.**

b. **In each paragraph, underline the words related with one of the 5 titles in blue.**

c. **Put each paragraph under the title it corresponds to.**

d. **Check with your teacher, then stick each paragraph in its place.**

Why Walk or Bike?

Communities and schools are using Walk or Bike to School Day as the first step to change community culture. Here are some reasons to support walking and bicycling to school:

1. It's Fun!

2. Healthier Habits

3. Cleaner Environment

4. Promoting Safety

5. Community Benefits

http://www.walkbiketoschool.org/

> **TIP**
> Pour trouver les **actions**, cherche des noms formés à partir de verbes. Pour trouver les **effets**, recherche les mots exprimant quelque chose de positif.

③ Now read the whole document again.

a. Pick out the following elements:

Actions →	Effects

> **TIP**
> Utilise ton bon sens, et ce que tu sais être bon pour l'homme et son environnement.

b. Pick out nouns corresponding to the following ideas:

Bad for the environment or the community	Good for the environment or the community

④ Try to explain (in English or in French) the meanings of the underlined words:

1. Walking and bicycling <u>bring</u> a sense of joy and independence.

. . . .

2. <u>Replacing</u> car trips to school <u>with</u> walking or bicycling...

. . . .

3. ...can <u>reduce</u> traffic congestion and pollution.

. . . .

4. Encouraging walking and bicycling to school <u>benefits</u> the community.

. . . .

5. Building sidewalks, <u>providing</u> education programs and adding traffic calming measures are some of the ways to <u>improve</u> safety.

. . . .

Outside the classroom

→ Textbook p. 49

You can use the grid below to prepare your report to the class:

Did the adult walk to work?	Did he / she enjoy it?	Will he / she do it again?	Were your arguments convincing?
☐ Yes! ☐ Yes, partly.	☐ Yes! Why? . . . . ☐ No! Why?	☐ Yes! Why? . . . . ☐ No! Why?	☐ Yes! Why? . . . . ☐ No! Why? What did he /she say? . . . .
☐ Not yet. When? . . . . ☐ No! Why?			

Training task

→ Textbook p. 49

Create a catchy slogan for your poster.

1 Un slogan est fait pour accrocher l'attention et être mémorisé facilement.

Observe ces trois slogans : "I love to walk" "Fewer cars = cleaner air" "Walking to school is cool"

a. Que peux-tu en dire en termes de longueur ? . . . .

b. Regarde le slogan n° 2 : combien a-t-on de syllabes de chaque côté du signe = ?

Fewer cars = cleaner air

. . . .

c. Dans le slogan n° 3, entoure les lettres doubles : comment se prononcent-elles ? / . . . . . /

Quel effet obtient-on ? . . . .

❷ À ton tour !

a. Associe les morceaux de phrases afin de reconstituer trois slogans :

1. Stop driving...
2. Walking is better than...
3. Less driving...

a. ... driving
b. ... better breathing
c. ... start walking

TOOLS

Healthy, safe, funny, friendly, sporty, challenging.

b. Maintenant, crée ton slogan avec ton groupe.

Vous pouvez vous inspirer de slogans existants :
"Walking to school is cool" → Rollerskating to school is cool.

. . . .

Understand

By car... but whose car?

→ Textbook p. 50

TOOLS

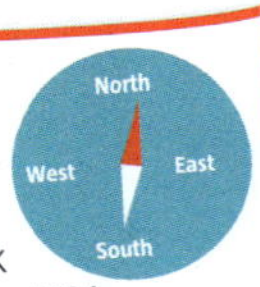

- California is on the West coast of the USA.
- The state of New York is in the Northeast of the USA.
- An inland state ≠ A coastal state.

❷ b. Look at the smaller map and complete the chart:

	Colour on the map	Location	Examples of states	Distance home-school probably...
States with the highest population density	☐ light blue ☐ dark blue	. . . .	. . . .	☐ small ☐ large
States with the lowest population density	☐ light blue ☐ dark blue	. . . .	. . . .	☐ small ☐ large

Young drivers – The high risk years

→ Textbook p. 51

5 Pick out elements from the video...

a. that correspond to the fact sheet.
→ underline them in the fact sheet below:

Teen Drivers: Fact Sheet

How big is the problem?

Car crashes are the number one cause of death for U.S. teenagers. In 2010, seven teens aged 16 to 19 died every day from car injuries.

Who is most at risk?

Teen drivers are three times more likely than older drivers to be in a fatal crash.
Among teen drivers, those at especially high risk for car crashes are:
- males,
- teens driving with teen passengers,
- newly licensed teens.

Why are they most at risk?

Teens are more likely than older drivers
- to underestimate dangerous situations,
- to speed and drive too close to other vehicles,
- to drink and drive,
- not to wear their seat-belts.

Crash risk is higher at night and on weekends.

Centers for Disease Control and Prevention, 2012

b. that could complete the fact sheet.
→ write them down below:

More information from the video:

. . . .

. . . .

. . . .

. . . .

. . . .

. . . .

. . . .

. . . .

. . . .

. . . .

Training task

→ Textbook p. 51

Test your knowledge about safe driving: take the test!

Safe teen driving test

1. What is a major cause of teen crashes?
- a. Driver inexperience
- b. Driving with teen passengers
- c. Reckless driving
- d. All of the above

2. The crash rate for 16-year-olds is:
- a. the same as the crash rate for 18 and 19-year-olds
- b. twice as high as the crash rate for 18 and 19-year-olds
- c. four times as high as the crash rate for 18 and 19-year-olds

3. Wearing a seatbelt can reduce the risk of injury or death by ...
- a. 2%
- b. 50%
- c. 10%

4. How many seconds of distraction are enough to have an accident?
- a. 3 seconds
- b. 15 seconds
- c. 30 seconds

5. About 2/3 accidents happen when a teen is driving with...
- a. No other passengers
- b. Teen passengers
- c. A parent
- d. A driving instructor

6. Fatal crash rates for 16-year-olds are higher:
- a. at night
- b. in the morning
- c. over lunchtime

0 - 2 good answers: sorry, you're not ready yet.

3 or 4 good answers: you still have time to think about it.

5 or 6 good answers: go get your driver's license!

Check your answers with your teacher.

How many correct answers did you get? . . . . .
(5 or 6: get your driver's license on p. 143!)

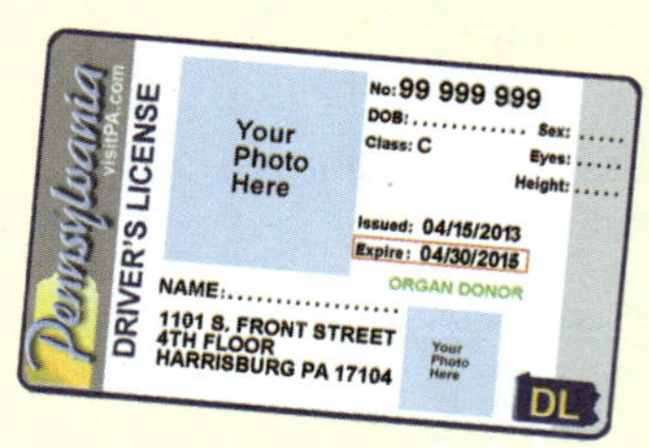

Words

1 *"How can I get there?"* Complète les phrases suivantes avec un verbe de déplacement :

Touriste anglais dans un office de tourisme à Paris.

"Hello, I would like to visit Chartres. How can I get there?"

"Well, if you have a car, you can . . . . there."

"I'm afraid I don't have a car, but I have a bicycle."

"Oh no, you can't . . . . to Chartres, it will take you ages!"

"What about going by plane?"

"Chartres is only 78 km from Paris, you don't want to . . . . there! Look, the easiest thing would be to . . . . Here is the train timetable."

"I'll do that. Thank you, bye, bye."

2 Imagine ce que chacun des personnages pourrait dire.

"I ride . . . . every . . . .

It's nice because. . . . . "

"I . . . . every . . . .

It's . . . . "

YOU!

"I . . . .

It's . . . . "

❸ Écris en toutes lettres :

a. 1.5 % : ....

b. 56 % : ....

c. 78 % : ....

d. 43 % : ....

e. 2015 : ....

f. 2009 : ....

g. 18 1/2 : ....

h. 16 1/2 : ....

❹ Donne les contraires :

a. experienced ≠ ....

b. high ≠ ....

c. safe ≠ ....

d. overestimate ≠ ....

e. daytime ≠ ....

f. supervised driving ≠ ....

❺ Remets les lettres dans l'ordre pour établir les facteurs de risque au volant, et découvre le mot caché.

DEPSE : ... ...

ON LATEEBTS : ... ...

HINGT : ... ...

OTO LOSCE : ... ...

XECNIENIEPER : ... ...

NNRIIKDG : ... ...

NEGPERSASS : ... ...

ABD TAHERWE : ... ...

... ...

Grammar

1. EXPRIMER LA QUANTITÉ ET COMPARER

Much ou *many* ?

a. Traduis les deux phrases suivantes :

*There is **too much** traffic.* . . . .

*There are **too many** cars.* . . . .

Que signifie *"too + much"* ? . . . .

Que signifie *"too + many"* ? . . . .

b. Quelle est la différence entre le nom *traffic* et le nom *car* ?

. . . .

c. Complète :

Le nom . . . . appartient à la catégorie des noms indénombrables.

Le nom . . . . appartient à la catégorie des noms dénombrables.

DÉDUIS !

Much fonctionne avec les noms . . . . et ***many*** avec les noms . . . .

Little ou *few*?

a. Traduis les deux phrases suivantes :

*My brother spends **little** time in the bathroom.* . . . .

***Few** pupils drive to school.* . . . .

Que signifie *little* ? . . . .

Que signifie *few* ? . . . .

b. Quelle est la différence entre le nom *time* et le nom *pupils* ?

. . . .

c. Complète :

Le nom . . . . appartient à la catégorie des noms indénombrables.

Le nom . . . . appartient à la catégorie des noms dénombrables.

DÉDUIS !

Little fonctionne avec les noms . . . . et ***few*** avec les noms . . . .

1 Complète les phrases suivantes en utilisant : *much* ou *many*. Explique ensuite pourquoi tu as choisi l'un ou l'autre.

1. Driving to work is hell! There is too . . . . traffic.

2. Driving in Paris is impossible. There are too . . . . cars.

3. How . . . . money do you have?

4. How . . . . people did you invite to your party?

J'ai choisi much *quand* . . . .

J'ai choisi many *quand* . . . .

2 Complète les phrases suivantes en utilisant *little* ou *few*. Explique ensuite pourquoi tu as choisi l'un ou l'autre.

1. This is a difficult question. I need a . . . . time to answer it.

2. There are a . . . . things I need to tell you.

3. . . . . pupils go to school by bus.

4. I always add a . . . . sugar to my cereals.

J'ai choisi little *quand* . . . .

J'ai choisi few *quand* . . . .

3 Comparer : plus ou moins ? Complète les phrases en utilisant *less* ou *fewer*. Explique comment tu as choisi.

1. Taking the school bus costs . . . . money than driving to school.

2. Adult drivers take . . . . risks than teen drivers.

3. There are . . . . schools in rural states than in urban states.

4. I have . . . . fun walking than taking the school bus.

J'ai choisi less *quand* . . . .

J'ai choisi fewer *quand* . . . .

2. NOMS EN *-ING*

***Walking** is good for your health. The government should encourage **walking**, not **driving**.*

a. Regarde les mots en caractères gras. Qu'ont-ils en commun ?

b. Quelle est la fonction de ces mots dans chacune de ces phrases ? Coche la bonne réponse :

***Walking** is good for your health.*

walking: ☐ sujet ☐ complément

*The government should encourage **walking**, not **driving**.*

walking: ☐ sujet ☐ complément *driving:* ☐ sujet ☐ complément

c. Quelle est la nature de ces mots ? Coche la bonne réponse.

☐ adjectif ☐ nom ☐ verbe

d. Réécris ces mots en supprimant la terminaison. Qu'est-ce que tu obtiens ?

. . . .

DÉDUIS !

La terminaison . . . . . permet de transformer n'importe quel . . . . en . . . .

1 Fabrique des noms à partir des verbes à l'infinitif ci-dessous en leur ajoutant *-ing* (attention à l'orthographe !).

ride - watch - take - swim - jump - sit - drive

2 Complète les phrases suivantes en te servant des noms en *-ing* que tu viens de fabriquer. Un de ces noms est utilisé deux fois.

1. I think . . . . on the bus with my friends is fun!

2. I like to eat popcorn while . . . . a movie.

3. . . . . from the Eiffel Tower is illegal.

4. I am going to Greece next year. I am looking forward to . . . . in the blue sea.

5. I failed my driving test for . . . . the lights!

6. Do you enjoy .... the bus to school every morning?

7. What is the difference between .... a car and .... a bike?

Pronunciation

1 Syllabes accentuées et sons voyelles

a. Écoute les mots suivants. track 29

better	hazardous	moment	emergency	teenagers	inexperienced	worry	minute
/e/	....	......	....	....	....	.....	.....
text	....	......	....	....	....	.....	.....

b. Entoure la syllabe accentuée et indique quel son voyelle est contenu dans cette syllabe.

c. Écoute maintenant les mots suivants. track 30
Classe-les dans le tableau ci-dessus selon le son voyelle qu'ils contiennent :

text - clean - shirt - stuff - clothes - it - maths - here.

2 Formes faibles

a. Écoute les phrases suivantes. track 31

...I take the bus every morning from my town...

...You get to hang out with your friends on the bus and just talk to them and maybe do some homework or watch a movie...

Certains mots sont à peine prononcés. Ils contiennent la voyelle /ə/. Quels sont ces mots ? Mets-les entre parenthèses.

b. Entraîne-toi à dire ces phrases à voix haute en prononçant à peine les mots que tu as mis entre parenthèses.

3 Bien prononcer… sans ralentir : liaisons et syllabes accentuées.

a. Écoute à nouveau la phrase suivante. track 31

You get to hang out with your friends on the bus and just talk to them, maybe do some homework or watch a movie.

b. Pour la prononcer sans ralentir, il faut :

- bien accentuer les syllabes importantes : entoure-les ;
- bien faire les liaisons : souligne-les ;
- bien penser à réduire à /ə/ les mots grammaticaux : mets-les entre parenthèses.

c. Entraîne-toi à prononcer cette phrase avec ton voisin !

4 Time capsule

Discover

"What is a time capsule?"

→ Textbook p. 60

3 Watch the video and pick out the following information about the time capsule:

1. Event linked to its burial: ....

2. Date of burial: ....

3. Place of burial: ....

4. Contents: ....

....

5. Opening date: ....

4 Give several examples from the fact sheet for each of the following categories:

1. Event linked to the burial of a time capsule: ....

....

2. Date of creation/burial: ....

3. Place of burial: ....

4. Contents: ....

....

5. Opening date: ....

"Have you made your time capsule yet?"

→ Textbook p. 61

2 a. **Listen and tick in Lily and Gabriel's checklists what they have already done.**

b. **Listen again and add some comments.**

LILY

CHECKLIST

Items	Done	Comments
1. a lock of hair	☐	....
2. a letter	☐	....
3. a favourite recipe	☐	....
4. a list	☐	....
5. pictures	☐	....

GABRIEL

CHECKLIST

Items	Done	Comments
1. a lock of hair	☐	....
2. a letter	☐	....
3. a favourite recipe	☐	....
4. a list	☐	....
5. pictures	☐	....

Training task

→ Textbook p. 61

This is year 2065 and things have changed! What has changed? What hasn't?

1 Prepare your ideas: for each topic below, imagine examples of things that have changed.

tiP
Tu peux utiliser les verbes de la page « Words » (manuel, p. 65).

TOPICS	Examples of changes
Food	Traditional food = disappear → nutrition caps
Means of transportation	
School	
Communication	
Other (clothes, books, games...)	

2 Use your ideas to write sentences. Remember, you are in 2065!

eg: Food has totally disappeared! People only swallow nutrition caps.

tiP
Réfléchis bien aux participes passés dont tu vas avoir besoin.

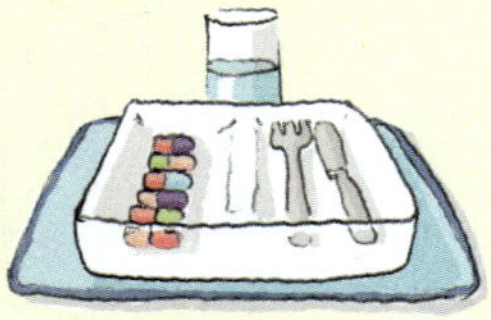

. . . .

. . . .

. . . .

. . . .

. . . .

. . . .

. . . .

Understand

Abby's letter

3 Work on Abby's letter.

1. Who is "I"? ☐ Abby the freshman
☐ Abby after graduation
2. Who is "you"? ☐ Abby the freshman
☐ Abby after graduation
3. Circle three expressions meaning something is finished.
4. **a.** Underline in red one question referring to life in high school.
b. Underline in blue two questions referring to life after high school.

4 Imagine two more questions Abby could ask her future self:

....

....

....

....

....

....

....

....

....

....

....

→ Textbook p. 63

Abby on graduation day, 2011

June 11, 2007

Dear Abby,

Congratulations! High school is finally over! As I write this letter I am a freshman and I can't even imagine opening it when I graduate It seems so far in the future from now. But look, here you are. You are finally done now!. Can you believe it has already been four years? Have you kept the same friends? Did you end up getting good grades[1]? Also, what about college? Have you decided where you are going yet?. Always remember you are a smart girl. Take care of yourself and have fun!. The world is waiting for you!

Love Always,
Abby ♡

1. *ici : notes, mais désigne aussi des niveaux de classe.*

Final tasks

Show and tell

→ Textbook p. 64

2. Get ready to report to the class:

a. What have you chosen for your time capsule?

Container: ....

....

Place of storage: ....

....

Opening date: ....

Objects	Reasons
....	....
....	....
....	....
....	....
....	....

b. Choose the verbs you want to use.

Verbes	Participes passés	Présent *have* + participe passé
☐ choose	. . . .	. . . .
☐ include	included	I have included
☐ select	. . . .	. . . .
☐ write	. . . .	. . . .
☐ put	. . . .	. . . .
☐ make	. . . .	. . . .
. . . .	. . . .	. . . .
. . . .	. . . .	. . . .

c. Write what you want to say:

eg: I have included a lock of hair because the colour of your hair changes with time.

. . . .

. . . .

. . . .

. . . .

. . . .

. . . .

. . . .

. . . .

. . . .

. . . .

. . . .

Words

❶ Observe attentivement la plaque de cette *time capsule* puis indique les éléments demandés.

Event linked to the creation of the capsule: ....

Date of burial: ....

Opening date: ....

Place of burial: ....

Author: ....

Possible contents: ....

....

❷ Right or wrong?

Lis la notice d'information sur les *time capsules* dans ton manuel p. 60, puis coche *Right* (vrai) ou *Wrong* (faux). Justifie tes réponses (en anglais) en citant la notice ou en expliquant.

Sentences	Right	Wrong	Justifications
1. A time capsule can be a box.	☐	☐	
2. All time capsules are buried.	☐	☐	
3. The 1939 World's Fair time capsule will be opened in 2039.	☐	☐	
4. The Jubilee time capsule contains photos of inhabitants of the Commonwealth.	☐	☐	
5. You can open the Jubilee time capsule.	☐	☐	
6. A time capsule can be opened by its maker(s) or by other people.	☐	☐	
7. You can make your personal time capsule.	☐	☐	

3 Lis le corps de ces deux lettres et complète chacune d'elles, en fonction de son ton, avec les éléments proposés :

I hope to see you soon - Dear Jenny - Mrs Johnson - Yours sincerely - January 21st 2014 - December 24th 2013.

. . . .

. . . .

What's up?! I hope you're well. When are you coming to see me?

I wish you a merry Christmas!

. . . . xoxo

Lea

. . . .

. . . .

I am very interested in working for your company. Please find enclosed my CV.

. . . .

Paul Robertson

4 Complète les phrases suivantes à l'aide de mots de la page *Words* (manuel p. 65) :

1. "Have you . . . . your exam yet?"

"No, it's tomorrow. I'm so anxious! I really . . . . I'll succeed.

2. If you want to make your dream . . . . , you need to work hard.

3. Ronnie has . . . . .a lot since he started working, he's more mature now.

4. I don't have many . . . . .of my childhood holidays, so now, I always buy . . . . .so that I can remember everything.

Grammar

1. PRÉSENT *HAVE* + PARTICIPE PASSÉ

a. Lis les énoncés suivants et observe les passages entre crochets.

A. *Oh no! [I **have left** my school assignment on the bus]. I don't know what to do.*

B. *I did something stupid this morning. I took the bus and [I **left** my school assignment there].*

C. *Do you know what? [They **have opened** my school's time capsule]. I'm so eager to see the contents.*

D. *Something extraordinary happened yesterday! [They **opened** my school's time capsule].*

b. Reporte les formes verbales en gras dans le tableau ci-dessous :

Énoncés A et C	Énoncés B et D
A. . . . . **C.**	**B.** . . . . **D.** . . . .
– Le 1er mot est l'opérateur . . . . au . . . . – Le 2e mot est : • en **A** : le verbe . . . . .au . . . . • en **C** : le verbe . . . . .au	– Le mot est : • en **B** : le verbe . . . . .au . . . . • en **D** : le verbe . . . . .au . . . .

c. Récapitule :

L'assemblage présent dans les énoncés **A** et **C** est composé de . . . . au . . . . + verbe au . . . .

ATTENTION

Forme du participe passé des verbes :
– Pour les verbes réguliers : V + *-ed*.
– Pour les verbes dits irréguliers : voir la 3e colonne du tableau, manuel p. 164.

d. Observe maintenant les verbes qui se trouvent en dehors des crochets :

– en **B** et **D**, ils sont conjugués au : ☐ Présent ☐ Prétérit

On peut donc en déduire que l'énonciateur :

☐ raconte ce qui s'est passé comme on raconte un film ou une histoire.

☐ met en avant sa situation au moment présent.

– en **A** et **C**, ils sont conjugués au : ☐ Présent ☐ Prétérit

On peut donc en déduire que l'énonciateur :

☐ raconte ce qui s'est passé comme on raconte un film ou une histoire.

☐ met en avant sa situation au moment présent.

DÉDUIS !

L'assemblage vu précédemment est composé de l'opérateur .... conjugué au

.............., suivi d'un verbe au ....

Avec cette forme, l'énonciateur ne fait pas un récit mais il annonce maintenant, au moment où il parle, un fait qui s'est produit avant. Il fait un état des lieux présent et ne s'intéresse pas au passé.

1 Pour chaque phrase, choisis la bonne conjugaison.

1. This is funny! Calvin (write) a letter to himself again.

☐ *wrote* / ☐ *has written*

2. When (he - write) this letter? Last week or last month?

☐ *did he write* / ☐ *has he written*

3. Dad, can you give me my pocket money? (you - talk) to Mum about it?

☐ *did you talk* / ☐ *have you talked*

4. I (never be) to England. But I (be) to Wales. I (go) there last year.

☐ *never was* / ☐ *have never been* ☐ *was* / ☐ *have been* ☐ *went* / ☐ *have gone*

5. I can't believe how much life (change) in ten years.

☐ *changed* / ☐ *has changed*

6. I (move). Please note my new address: 3 Windsor road, Middlesbrough.

☐ *moved* / ☐ *have moved*

7. "By the way, (you - see) the new Spielberg film?" ☐ *have you seen* / ☐ *did you see*

"(I...), actually." ☐ *have* / ☐ *did*

"Oh really? When (you - see) it?" ☐ *did you see* / ☐ *have you seen*

8. We are a bit worried. We (not see) Calvin today. We hope he (not have) an accident.

☐ *did not see* / ☐ *have not seen* ☐ *didn't have* / ☐ *hasn't had*

2 Fabrique des énoncés en utilisant la bonne conjugaison.

1. Wait! I (leave) my camera on the bus.

. . . .

2. I did something stupid this morning. I went up to London and I (leave) my camera on the train.

. . . .

3. Look! Your dad (cook) your favourite dish tonight.

. . . .

4. Your dad is just perfect! He was very tired when he came home but he (cook) your favourite dish before going to bed.

. . . .

5. This is just crazy! The French (win) the game against Wales.

. . . .

6. The French are just amazing! First they beat the Irish and then they (win) the game against Wales.

. . . .

3 Ben veut inviter ses copains mais pour cela ses parents lui ont demandé de ranger sa chambre et de se préparer. Lis la note qu'ils ont rédigée et écris ce que Ben a déjà fait ou non.

– Do your hair.
– Make your bed.
– Tidy your shelf.
– Turn off your computer.
– Take your dirty socks to the bathroom.
– Feed the goldfish.
– Put the candy wrappers in the basket.

Ben hasn't done his hair.

. . . .

. . . .

. . . .

. . . .

. . . .

. . . .

. . . .

2. LES PRONOMS RÉFLÉCHIS : *MYSELF, YOURSELF*, ETC.

a. Observe les énoncés suivants et entoure l'élément qui diffère :

A. *Calvin wrote a letter to him.*

B. *Calvin wrote a letter to himself.*

Sachant que *self* signifie « soi-même », d'après toi que signifie *himself* ? . . . .

À qui Calvin a-t-il écrit en **A** ? . . . . Et en **B** ? . . . .

b. Observe les énoncés suivants :

C. *Calvin and Hobbes hurt them.*

D. *Calvin and Hobbes hurt themselves.*

À qui Calvin et Hobbes ont-ils fait mal en **C** ? . . . . Et en **D** ? . . . .

c. Traduis l'énoncé D en français :

. . . .

DÉDUIS !

Calvin wrote a letter to himself.

Calvin and Hobbes hurt themselves.

Les pronoms *himself* ou *themselves* renvoient au sujet de l'énoncé : on les appelle des **pronoms réfléchis.**

Au singulier le pronom se termine par . . . . et au pluriel il se termine par . . . .

ATTENTION

Les noms *leaf* et *life* deviennent au pluriel *leaves* et *lives*. On entend le son /f/ au singulier et au pluriel c'est /vz/. Comme pour les pronoms réfléchis.

4 Complète les phrases à l'aide de pronoms réfléchis.

1. Julia has hurt . . . .

2. They are looking at . . . . in the mirror.

3. "Sorry! We are so ashamed of . . . ."

4. "I am very proud of this poem. I wrote it . . . ."

5. "Please, help . . . ."

5 Complète avec le pronom qui convient : sujet, objet ou réfléchi.

1. Calvin! You look awful! Go have a look at . . . . .in a mirror!

2. Mum! Can . . . . .ask Tom to come and sleep over tonight? . . . .'s not done his essay and he wants me to help . . . .

3. Leave these birds alone. They are old enough to feed . . . . .now.

4. Did . . . . .make that cake . . . .? It's fabulous!

5. I don't want . . . . .to stay home by . . . . She is too young!

6. Are your parents DIY addicts? It seems that . . . . do everything in the house . . . .

7. Do you know what? The queen . . . . .has a time capsule!

8. I was a bit poorly last week and I said to . . . . .that it was better to stay home and play video games!

Pronunciation

1 a. Écoute et répète une série de mots. track 36

Quel est leur point commun ?

. . . . .par le son / . . . . . /.

b. Écris-les et vérifie l'orthographe avec ton professeur.

. . . .

. . . .

. . . .

. . . .

. . . .

Au fait, combien de syllabes entends-tu dans le deuxième mot ? . . . .

c. Quelle conclusion en tires-tu ?

Les terminaisons *-ure*, ... ou . . . . . sont toujours prononcées avec le son / . . . . . /.

2 a. Écoute et répète une série de phrases. track 37

b. Écris-les ci-dessous sans écrire les contractions.

....

....

....

....

....

....

....

....

....

....

c. Encadre *have* et *has* partout où ils sont présents.

d. Ré-écoute ensuite les phrases. Comment sont prononcés *have* et *has* ?

☐ En forme pleine (/hæv/, /hæz/)

☐ En forme réduite (/əv/, /və/, /z/)

e. Répète les phrases en faisant bien attention à prononcer correctement *have* et *has*.

f. Quelle conclusion en tires-tu ?

Quand ils sont suivis d'un participe passé, *have* et *has* sont prononcés en forme ....
et non en forme pleine.

5 Amazing!

Discover

Living the Australian way

→ Textbook p. 72

BEFORE LISTENING	LISTEN		
1 b. What can you guess about Australia from these pictures?	**2 a. Number the pictures as you hear about them.**	**b. Note down information about...**	
		...what each picture shows:	... Francesca's experience: what she has ☑ or never has ☒ done, seen, etc.
....	[.....] 	....	☑ .... ☒ ....
....	[.....] 	....	☑ .... ☒ ....

BEFORE LISTENING	LISTEN		
1 b. What can you guess about Australia from these pictures?	**2 a. Number the pictures as you hear about them.**	**b. Note down information about...**	
		...what each picture shows:	... Francesca's experience: what she has ☑ or never has ☒ done, seen, etc.
....	[.....] 	....	☑ .... ☒ ....
....	[.....] 	....	☑ .... ☒ ....

4 With your group, suggest a caption for each picture.

1. ....
2. ....
3. ....
4. ....
5. ....

The race that stops the nation

→ Textbook p. 73

1 b. Complete the race's ID card:

Name : ....

Alias : ....

Age : ....

Information about the race (date, duration, public, impact / effect...):

....

....

....

Training task

→ Textbook p. 73

Conduct a survey in class.

1 Prepare your questions.

a. Choose verbs from the list.

See – visit – walk up – eat – try – taste – buy – touch – meet – play (*others*: ....).

b. Check their past participles (regular? irregular?). Write down your questions in the chart below.

c. Practise asking them.

2 Conduct your survey.

Interview five classmates. Try to get more information from them.

Features	Questions	Yes	No	More information
....	1.	☐	☐	....
....	2.	☐	☐	....
....	3.	☐	☐	....
....	4.	☐	☐	....
....	5.	☐	☐	....

3 Prepare to be interviewed. Practise giving answers:

Yes	No
Yes, I have	No, ...
Yes, ...	No, ...
Possible adverb: *already*.	Possible adverbs: *never, not...yet*.

Understand

The land down under

→ Textbook p. 74

1 Complete this map with as much information as you can remember (states, cities, oceans...).

2 An infographics about Australia

1. prisoners **2.** *mammifères*

a. With your group:

• **Read the infographics and underline in two different colours:**

– the figures,

– the elements corresponding to these figures.

eg: 40 million: the estimated number of kangaroos living on the continent.

tip

Organisez-vous ! Puisqu'il y a plusieurs membres dans l'équipe, chacun peut être responsable d'une partie du document.

• **Rephrase some of these facts in a more simple way. Practise repeating them to memorize them.**

eg: 40 million kangaroos live on the continent.

. . . .

. . . .

. . . .

. . . .

. . . .

. . . .

. . . .

Deadly Australian animals

→ Textbook p. 75

2 a. Underline in different colours elements about each animal's...
appearance – habitat – degree of danger – bodycount*

**The number of people killed in a war or disaster*

Four of the most dangerous Australian animals

IDENTITY

The redback spider
It is one of the deadliest spiders in the world. They are very common in Australia, especially in urban areas – they love human company!
(Not so) fun fact: *If they bite you, you have three hours to get to a hospital...*

BODY COUNT

In fact, thanks to the anti-venom (found in 1979), redback spiders rarely kill. Actually they haven't killed anyone since 1979... which doesn't mean they haven't bitten!

IDENTITY

The crocodile
There are two species of crocodiles: freshwater crocodiles and saltwater crocodiles. Saltwater crocs are the biggest, heaviest and most dangerous, and can even be found off beaches!
(Not so) fun fact: *To kill their victims, crocodiles drag them under water and drown them.*

BODY COUNT

There are no more than two deaths per year.

IDENTITY

The great white shark
About 180 species of sharks inhabit the deep waters around Australia. The largest, strongest and most ferocious is the great white shark.
Fun fact: *sharks need to swim, or they will sink!*

BODY COUNT

877 shark attacks have happened in Australia since 1791, but "only" 216 have been fatal.

IDENTITY

The box jellyfish
It is one of the most lethal jellyfish – a person can go into cardiac arrest within minutes.
Fun fact: *It has 15 tentacles (3 meters long), 24 eyes, 4 brains and... 60 anuses!*

BODY COUNT

The box jellyfish has stung 64 people to death since 1884.

b. Report the adjectives you underlined in the grid below.

- Look at the way they are built then classify them logically.
- Try to find headings for columns 2 and 3.

Animals	....	....
....		
....		
....		
....		

c. Now focus on these animals' names:

the redback spider – the great white shark – the saltwater crocodile – the box jellyfish

Underline in two different colours:

- the words that indicate what *animals* they are,
- the words that specify what *species* they are.

d. Do you understand why they have these names?

tip

Souviens-toi de ce que tu as appris dans le chapitre 1 *(Teen Spirit)* à propos des noms composés.

Training task

→ Textbook p. 75

Danger-Oz! Write about more deadly animals.

Use this grid to prepare your notes. Report the names of the animals you have chosen.

	Animals	
	....	....
What it looks like		
Where it lives		

	Animals	
	....	....
How it can injure people		
What people must do if they have been attacked		
Fun fact!		
How many people it has killed in the past 50 years ("wild" guess!)		

Words

1 Trouve des mots (noms, adjectifs, verbes) pour parler des éléments culturels suivants :

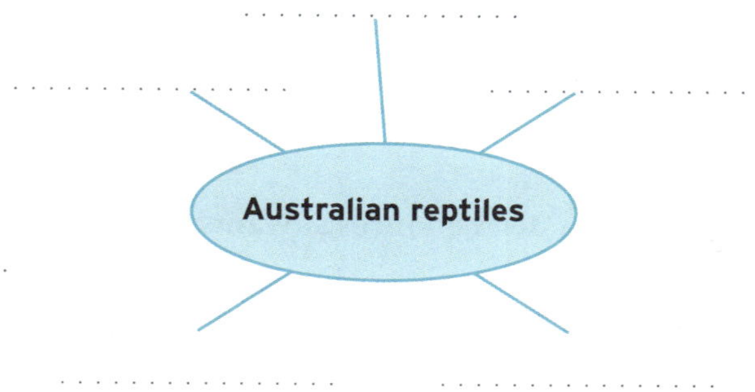

❷ Barre l'intrus puis donne un nom à chaque catégorie :

1. Bite - sting - kiss - suffocate - drown: ....

2. Wallaby - kangaroo - koala - parrot - shark: ....

3. Surf - race - cup - horses - gambling: ....

4. Dangerous - lethal - deadly - ugly - venomous: ....

5. Shark - noisy miner - jellyfish - octopus - dolphin: ....

❸ An amazing text to complete!

Voici un extrait de *Down Under*, roman de Bill Bryson sur l'Australie. Malheureusement un requin est passé par là et a mangé certains mots… avant de les recracher ! À toi de reconstituer le texte.

octopus – living – continent – continent – jellyfish – prison – Uluru – sixth largest – poisonous – Great – largest – spider – country – stone.

"Australia is the world's .... country and its .... island. It is the only island that is also a ...., and the only .... that is also a .... It was the first continent conquered from the sea, and the last. It is the only nation that began as a ....

It is the home of the largest .... thing on earth, the .... Barrier Reef, and of the largest monolith, Ayers Rock (or ...., to use its now-official, more respectful Aboriginal name). It has more things that will kill you than anywhere else. Of the world's ten most .... snakes, all are Australian. Five of its creatures - the funnel-web ...., box ...., blue-ringed ...., paralysis tick and .... fish - are the most lethal of their type in the world."

Down Under, Bill Bryson, 2000.

Grammar

1. PRÉSENT *HAVE* + PARTICIPE PASSÉ (2)

Since

a. **Lis les deux énoncés suivants :**

A. *The Melbourne cup is in two weeks. It has existed [since 1861].*

B. *I certainly watch it! I have watched it every year [since I was 5 years old].*

b. **Reporte ci-dessous les verbes conjugués – sauf celui qui est entre crochets – et indique la conjugaison employée pour chacun d'eux :**

A. . . . . : ☐ Présent ☐ Présent *Have* + participe passé ☐ Prétérit

. . . . : ☐ Présent ☐ Présent *Have* + participe passé ☐ Prétérit

B. . . . . : ☐ Présent ☐ Présent *Have* + participe passé ☐ Prétérit

. . . . : ☐ Présent ☐ Présent *Have* + participe passé ☐ Prétérit

c. **Coche la ou les bonnes réponses :**

Ce dont parle l'énonciateur en **A** est donc une chose :

☐ qui existe encore au moment où il parle. ☐ qui existe depuis 1861.

☐ qui n'existe plus au moment où il parle. ☐ qui n'a existé qu'en 1861.

d. **Coche <u>la</u> bonne réponse :**

Ce que dit l'énonciateur en **B** est un fait qui :

☐ n'est plus vrai au moment où il parle. ☐ existe depuis 5 ans.

☐ est toujours vrai au moment où il parle. ☐ existe depuis qu'il a l'âge de 5 ans.

e. **Souligne dans chacun des deux énoncés le mot qui indique le point de départ des choses dont parle l'énonciateur :**

Écris-le ici : . . . .

En **A**, le point de départ est : . . . .

En **B**, le point de départ est exprimé par une proposition complète. Quelle est la conjugaison employée dans cette proposition ? . . . .

DÉDUIS !

La conjugaison Présent *Have* + participe passé permet à l'énonciateur de faire un

. . . . .au moment où il parle.

Soit les choses sont achevées au moment présent, soit elles se passent encore.

Si elles se passent encore, l'énonciateur indique à quel moment précis elles ont commencé.

C'est le mot . . . . qui est alors employé. Il est suivi :

– soit d'une . . . . (exemple : *1871*).

– soit d'une proposition qui comporte la conjugaison . . . . (exemple : *I was 5 years old*).

– soit d'un . . . . (exemple : *last summer; the Woodstock music festival, last Christmas...*).

Ever, never, always

a. **Lis les deux énoncés suivants :**

A. *I've **never** had a snowy Christmas.*

B. *I've **always** spent most of my free time at the beach.*

Tu connais le sens de *never* : . . . . et celui de *always* : . . . .

Never est constitué de . . . .+ *ever*.

Dans quelle phrase l'énonciateur dit qu'il a **toujours** fait quelque chose ? . . . . .

Dans quelle phrase l'énonciateur dit qu'il n'a **jamais** fait quelque chose ? . . . . .

Les énoncés **A** et **B** sont à la forme : ☐ affirmative ☐ négative

L'un de ces deux énoncés exprime quelque chose de plutôt négatif, lequel ? . . . . .

Grâce à quel mot ? . . . .

Observe la place des adverbes ***never*** et ***always*** dans les deux énoncés : ils se trouvent après

. . . . et avant le . . . .

b. Lis ces deux autres énoncés :

C. *"Have you* ***ever*** *seen spiders in this area?"*

D. *"No, I have* ***never*** *seen any."*

L'énoncé **C** est une : ☐ affirmation ☐ question

Quel adverbe est employé ? . . . .

Où est-il placé ? Après . . . . et avant le . . . .

En **C**, l'énonciateur demande à quelqu'un :

☐ s'il a déjà vu des araignées dans cette région à un moment précis.

☐ s'il a, un jour, déjà vu des araignées dans cette région.

L'énoncé **D** est une : ☐ affirmation ☐ négation

Quel adverbe est employé ? . . . .

Où est-il placé ? Après . . . . et avant le . . . .

En **D**, l'énonciateur indique (coche **la** bonne réponse) :

☐ qu'il n'en a jamais vu.

☐ qu'il n'en a pas vu pour le moment.

DÉDUIS !

Quand l'énonciateur veut dire :

– qu'il a déjà fait quelque chose, il peut utiliser . . . .

– qu'il a toujours fait quelque chose, il peut utiliser . . . .

S'il veut savoir si quelqu'un a déjà fait quelque chose au moins une fois dans sa vie, il peut utiliser . . . .

Dans une phrase au Présent *Have* + participe passé, quel que soit l'adverbe choisi, celui-ci est toujours placé . . . . le verbe au participe passé.

1 Conjugue les verbes entre parenthèses (ils devraient tous être au Présent *Have* + participe passé) :

I'm really sad to be leaving New Zealand today. I . . . .(have) such a great time here, I . . . . (discover) so much I didn't know about this culture. And I

. . . . (see) lots of amazing animals and places. And we're very lucky because the weather . . . . (be) gorgeous. I . . . . (meet / also) incredibly nice people, who . . . . (show) us wonderful places. My only regret is that I . . . . (not / meet) anyone with Maori origins. I hope I can come back later and meet them then.

ATTENTION

Vérifie l'accord de *have* avec son sujet. Vérifie la forme participe passé des verbes dits irréguliers dans la liste de ton manuel, p. 164.

2 Rétablis la conjugaison appropriée :

1. Bill . . . . (live) in Melbourne since 2001.

2. Bill . . . . (live) in Melbourne since he . . . . (be) 4 years old.

3. Bill's parents . . . . (attend) the race since they . . . . (move) to Melbourne.

4. Bill's brother . . . . (watch) television since he . . . . (come) home from work.

5. The race . . . . (take) place on the first Tuesday of November since it . . . . (be) created in 1861.

2. LE SUPERLATIF : *THE LARGEST – THE MOST DANGEROUS*

a. Lis les énoncés suivants :

A. *The great white shark is **the largest** shark in Australia.*

B. *The redback spider is **the deadliest** spider in the world.*

C. *There are two species of crocodiles. Saltwater crocs are **the most dangerous**.*

Observe les groupes de mots en gras. Quels éléments ont-ils en commun ? . . . .

b. Coche la bonne réponse :

– En **A**, le *great white shark* est présenté comme :

☐ un grand requin en Australie.

☐ un requin plus grand qu'un Australien.

☐ le plus grand des requins d'Australie.

– En **B**, la *redback spider* est présentée comme :

☐ une araignée mortelle.

☐ l'araignée la plus mortelle au monde.

☐ l'araignée la plus sympathique d'Australie.

– En **C**, les *saltwater crocs* sont présentés comme :

☐ un genre de chaussures pour marcher dans la mer.

☐ les plus dangereux des crocodiles d'Australie.

☐ les plus sympathiques des crocodiles.

c. **Récapitule :**

– En **A**, ***largest*** se décompose de quelle façon ? Il s'agit de l'adjectif . . . . auquel on ajoute la terminaison - . . . . . . Avant l'adjectif, on place . . . .

– En **B**, ***deadliest*** est l'adjectif . . . . auquel on ajoute la terminaison - . . . . . . La lettre . . . . . devient . . . . . . Avant l'adjectif on place . . . .

– En **C**, l'adjectif ***dangerous*** ne change pas. Il est précédé de . . . . .et de . . . .

DÉDUIS !

Il existe deux façons de fabriquer le superlatif d'un adjectif :

1. *the* + *adjectif* + terminaison - . . . . . ou - . . . . . . **2.** *the* + ... + adjectif.

Dans la catégorie **1**, on trouve les adjectifs d'une seule syllabe : *old, young, small, big, etc.*

Dans la catégorie **2**, on trouve les adjectifs de trois syllabes et plus : *amazing, dangerous, etc.*

En ce qui concerne les adjectifs de deux syllabes, beaucoup peuvent être construits avec les deux formes. On pourra trouver par exemple :

the funniest show ou *the most funny show; the prettiest flower* ou *the most pretty flower.*

ATTENTION

Observe attentivement les mots *deadliest* et *prettiest* : que remarques-tu en ce qui concerne l'orthographe ? . . . .

Certains adjectifs de deux syllabes ne fonctionnent qu'avec *the most* : il s'agit entre autres de ceux terminés par *-ing* (*boring*), *-ous* (*jealous*), *-ful* (*helpful*), *-al* (*fatal*), *-less* (*helpless*), *-ed* (*worried*) et *-ite* (*polite*).

3 Classe les adjectifs ci-dessous dans le tableau qui suit, en fonction de la manière dont tu vas construire leur superlatif (certains adjectifs peuvent se construire avec les deux formes). Puis, indique leur superlatif comme dans l'exemple :

pretty - interesting - terrifying - slow - good - funny - intelligent - clever - deadly - lethal - bad - soft - poor - gentle - curious.

The most + adj.	*The* + adj.+ *-est / -st*
	Soft : the softest

4 À partir des associations suivantes, fabrique des énoncés dans lesquels l'adjectif est au superlatif. Compare ensuite avec ton voisin : es-tu d'accord avec ses propositions ?

eg: High + mountain → The highest mountain in the world is Mount Everest.

Dangerous + animal → In my opinion, the most dangerous animal is the crocodile.

1. Amazing + film → ....

2. Big + city → ....

3. Hostile + environment → ....

4. Small + car → ....

5. Good + food → ....

6. Impressive + landscape → ....

7. Tall + building → ....

5 Complète les phrases suivantes. Tu peux choisir parmi ces verbes : ***meet – see – hear of – read about – climb.***

eg: This is the biggest (big) snake I have ever seen.

1. The redback spider is .... (scary) spider I ....

2. Alan is .... (nice) person I ....

3. Ayers Rock is .... (impressive) mountain I ....

4. The box jellyfish is .... (deadly) creature I ....

5. The koala is .... (cute) animal I ....

3. LES NOMS COMPOSÉS (2)

Nom + nom

a. Lis les noms suivants, tous extraits d'un article sur les poissons des mers australes :

a. *stonefish* **b.** *scorpion fish* **c.** *jellyfish*

b. Observe la formation de ces noms.

Ils sont tous composés de .... mots.

Le dernier mot est toujours ...., qui signifie en français ....

Et les mots qui précèdent sont des : ☐ noms ☐ adjectifs

Placés avant le nom *fish*, ils servent à donner des .... sur la nature de chaque poisson en lui attribuant les caractéristiques qu'ils représentent.

En **A**, le mot *stone* signifie ...., ce qui veut sûrement dire que le poisson en question ....

En **B**, le mot *scorpion* signifie ...., ce qui veut sûrement dire que le poisson en question ....

En **C**, le mot *jelly* signifie ...., ce qui veut sûrement dire que le poisson en question ....

DÉDUIS !

Quand deux noms sont réunis pour n'en faire qu'un seul, c'est le .... nom qui est le nom qui domine. Le premier sert à .... le second.

ATTENTION

De nombreux anglophones ne mettent jamais le nom *fish* au pluriel. On dit ainsi *"There are five scorpion fish"* sans mettre le pluriel au nom *fish*. Mais *fishes* existe !

Adjectif/Nom + nom + nom

a. Observe les noms suivants :

A. *redback spider* **B.** *freshwater crocodile* **C.** *seawater crocodile* **D.** *white tail spider*

b. Quel animal désigne chaque nom ?

A. . . . . **C.** . . . .

B. . . . . **D.** . . . .

C'est donc le . . . . nom qui désigne l'animal.

c. Observe maintenant les précisions apportées.

Comment sont-elles construites : avec des noms ? des adjectifs ?

A. . . . . + ... **C.** . . . . + ...

B. . . . . + ... **D.** . . . . + ...

DÉDUIS !

On peut fabriquer un nom avec un . . . . + un nom ou un . . . . + un nom.

Dans le cas des noms **A** à **D**, le nom total est obtenu en assemblant :

A. . . . . + nom + nom **C.** . . . . + nom + nom

B. . . . . + nom + nom **D.** . . . . + nom + nom

6 Retrouve les noms composés à partir des indices en gris, puis traduis chaque mot obtenu.

En français :

1. Bodypart + paste = toothpaste . . . .
2. Mythical creature that can spit fire + fly = ... fly . . . .
3. ...Diana, who died in 1997 + bug = ... bug . . . .
4. Cows eat it + hopper = ... hopper . . . .
5. What you see in the sky at night + fish = ... fish . . . .

7 a. L'homme sait faire tellement de choses, qu'on trouve toute une série de noms composés avec *man*. Choisis parmi les mots suivants ceux qui, s'ils sont placés devant *man*, peuvent servir à désigner une profession :

milk - job - police - green - plastic - bar - fire - spoon

b. Explique ensuite en anglais en quoi consiste cette profession.

. . . .

. . . .

. . . .

. . . .

8 Écris le maximum de noms de superhéros que tu connais et prépare-toi à expliquer, en français, pourquoi ils s'appellent ainsi.

Si tu ne connais pas le sens de certains mots, utilise un dictionnaire.

eg : *Spider-Man* → Il s'appelle ainsi car…

. . . .

. . . .

. . . .

. . . .

Pronunciation

1 a. Écoute les mots suivants. track 41

diverse - impressive - amazing - fertile - hostile - unique - fascinating - ferocious - Australia - ocean - lethal - common - species - dangerous - attacks - crocodiles

b. Recopie-les, encadre la syllabe accentuée et indique de quel son voyelle il s'agit.

. . . .

. . . .

. . . .

. . . .

. . . .

. . . .

. . . .

. . . .

. . . .

c. Classe-les ensuite dans le tableau ci-dessous en fonction du son de la voyelle.

/əʊ/	/æ/	/iː/	/ɒ/	/ɜː/	/eɪ/	/e/
most	cat	feet	box	bird	cake	bed
....	....	....	....	....	....	....
....	....	....	....	....	....	....
....	....	....	....	....	....	....

d. Répète chacun de ces mots en prononçant bien la syllabe accentuée.

2 Écoute et répète les phrases suivantes. track 42

1. It is considered one of the deadliest spiders in the world.
2. There are two species of crocodiles.
3. It is the most lethal jellyfish.
4. Australia is an island country.
5. The ocean is inhabited with ferocious white sharks.
6. There are no more than two deaths every year.

3 a. Écoute les mots suivants et répète-les. Encadre la syllabe accentuée. track 43

Australia - tradition - conversation - ferocious - nation - scorpion - Australian - proposition

Que remarques-tu ? ....

b. Quelle conclusion en tires-tu ?

Tous les mots qui se terminent par -*ia*, -*ian*, -*ion*, -*ious* sont accentués sur la syllabe placée immédiatement .... Ces terminaisons ont un point commun : elles comportent la lettre ....

c. Donne deux mots supplémentaires pour chaque terminaison. Entraîne-toi à les prononcer correctement.

1. -*ia*: ....
2. -*ian*: ....
3. -*ion*: ....
4. -*ious*: ....

6 Thrills

Discover

"Have you read this book?"

→ Textbook p. 84

2 Complete the chart with information from Elena and James's conversation.

Title	Genre and audience (children? adults?)	Personal experience and opinion	
		Elena	James

3 Your turn!

a. Get ready to talk about a book you have read or a film you have seen. Complete the chart.

tip

Prépare-toi aussi à poser des questions à ton camarade : "Have you read...?" / "Have you seen...?".

	Title	Author	Genre and audience	Your opinion
Book				

	Title	Director	Genre and audience	Your opinion
Film				

"How do you create interesting characters?"

→ Textbook p. 85

3 b. In groups. Underline in three different colours words and expressions describing: physical appearance – behaviour – clothes.

c. Note down the techniques used by Roald Dahl to create colourful characters.

Extracts from Roald Dahl's books	Techniques used by Roald Dahl (repetition, exaggeration, use of images)
1. "Aunt Sponge was enormously fat and very short. She had small piggy eyes [...]. She was like a great white soggy overboiled cabbage[1]."	
2. "Charlie Bucket? He must be that skinny little shrimp[2]."	
3. "Billy was seventeen years old. He was wearing a new navy-blue overcoat, a new brown trilby hat, and a new brown suit, and he was feeling fine."	
4. "Mr Wonka was standing all alone just inside the open gates of the factory. And what an extraordinary little man he was! He had a black top hat on his head. He wore a tail coat[3] made of a beautiful plum-coloured velvet. His trousers were bottle green. His gloves were pearly grey. And in one hand he carried a fine gold-topped walking cane."	exaggeration
5. "Violet was talking very fast and very loudly to everyone, but it was not easy to hear all that she said because she was chewing so ferociously upon a piece of gum at the same time."	

1. *un gros chou bouilli* – **2.** *une crevette* – **3.** *queue de pie*

4 a. Whole class. Check your findings with the other groups.

b. For each character, give one or two adjectives that characterize him or her.

Aunt Sponge: ....

Billy: ....

Charlie: ....

Mr Wonka: ....

Violet: ....

c. Draw one of these characters and compare your drawing with your classmates'.

Training task

→ Textbook p. 85

Create an interesting character.

a. Choose your character's personality:

☐ nice ☐ mean ☐ funny ☐ elegant ☐ strict ☐ dangerous

☐ other: ....

b. Imagine as many details as possible about your character.

TIP

- Tiens compte de la personnalité que tu as choisie pour imaginer ton personnage. Si par exemple il est drôle, tu peux imaginer des habits colorés, un nom amusant, etc.
- Tu peux dessiner le personnage sur une feuille pour t'aider à le visualiser.

Type of information	Your character
name, age	....
occupation / job	....
size	....
face (eyes, mouth, nose...)	....
head, hair	....
clothes	....
object or animal your character looks like	....

c. Write your description.

....

....

....

....

....

....

....

....

....

....

tip

- Relis attentivement ta production :
  – les verbes sont-ils conjugués correctement ?
  – les adjectifs sont-ils bien placés ?
  – ton personnage est-il suffisamment intéressant pour un lecteur ?
- Que peux-tu ajouter ou modifier ?

Understand

"There was something coming up the street..."

2 In groups.

a. Read the text. You are in charge of one type of information. Pick out elements corresponding to it.

	Characters (group A)	Time and places (group B)	Events (group C)
Part 1: chapter I line 1 – line 10			
Part 2 line 11 – line 20			
Part 3: chapter II line 21 – line 29			

b. Share your findings with the class and complete your chart.

5 a. Listen to these sentences and underline the stressed syllables. track 47

a. "Everything was pale and ghostly and milky-white."

b. "It was something black...

Something tall and black...

Something very tall and very black and very thin."

c. "On and on it came, nearer and nearer. But it was moving in spurts. It would stop, then it would move on, then it would stop again.

But what on earth was it doing?"

b. Practise reading them aloud.

Words

1 Lis les titres des œuvres suivantes, barre l'intrus et donne un titre à chaque catégorie :

1. Romeo and Juliet - Hamlet - Macbeth - The Amazing Spider-Man: . . . .

2. Twilight - Robinson Crusoe - Harry Potter - The Hunger Games: . . . .

3. Les Misérables - Cinderella - Snow White - The Three Little Pigs: . . . .

4. Artisan Bread in Five Minutes a Day - Chloe's Tarts and Cupcakes - The Book of Homemade Pizza - Gardening for Dummies: . . . .

2 Relis le vocabulaire dans ton manuel p. 89. Dessine un personnage avec des attributs très marqués. Flèche ces attributs sur ton dessin puis soumets-le à ton voisin qui devra le légender. Fais de même avec le sien !

3 Réécris les descriptions suivantes en appliquant la méthode de Roald Dahl afin de rendre ces personnages plus originaux.

eg : The man had a round face. → The man had a face that looked like a balloon.

1. It was a short dog.

. . . .

2. The queen had a large face with a small mouth and small eyes.

. . . .

3. The superhero was tall and strong.

. . . .

4. The little girl was petite but proud. She had dark hair and blue eyes.

. . . .

4 **Relis le vocabulaire dans ton manuel p. 89 et plante le décor. Pour chacun des lieux suivants, donne : a. le moment, b. l'atmosphère.**

1.

a. ....

....

b. ....

....

2.

a. ....

....

b. ....

....

Grammar

1. LES MODAUX : FORMULER UNE HYPOTHÈSE

a. **Lis les énoncés suivants et observe les passages entre crochets.**

A. *There is a cartoon character on the cover. [It must be for children.]*

B. *This book has been made into a film, but I can't remember the title. [It may be* Charlie and the Chocolate Factory.]

C. *"I think it's Charlie Bucket."*
"That fat boy? [He can't be Charlie Bucket!] Charlie Bucket is skinny."

b. Pour chaque énoncé entre crochets, relève le mot placé immédiatement après le sujet et copie-le ci-dessous. Donne sa signification. Choisis parmi les expressions suivantes :

il est interdit de – c'est obligé que – cela ne se peut pas – c'est autorisé – c'est probable – c'est nécessaire – c'est une possibilité.

A. .... Signification : ....

B. .... Signification : ....

C. .... Signification : ....

c. Ces mots portent-ils une marque de conjugaison ? ☐ Oui ☐ Non

DÉDUIS !

On appelle « modaux » (au singulier « modal ») ces mots qui se placent entre le .... et le verbe.

Ils ☐ sont / ☐ ne sont pas conjugués parce qu'ils indiquent le point de vue de l'énonciateur et ☐ dépendent / ☐ ne dépendent pas du sujet de l'énoncé.

1 Pour chacune des phrases suivantes, indique ce qu'exprime la forme en gras : obligation, interdiction, probabilité, capacité, incapacité.

1. He **must** be very tired, look at him, he's so pale! ....

2. Yes, I admit it, I **can't** swim... I really need to learn! ....

3. I've seen the trailer of the new thriller with Brad Pitt: we **must** see it! It looks very scary!

....

4. I'd love to speak several languages, it **must** be so useful when you travel. Unfortunately, I only speak English. ....

5. In the USA, the laws about smoking are very strict: there are even cities where you can't smoke in the street! ....

6. "I really need a good mechanic for my car."

"Well, why don't you ask Tony? He **may** know one!" ....

❷ Observe ces ombres chinoises. Discute avec un camarade de ce qu'elles peuvent représenter, ou pas. Écris ci-dessous votre discussion.

eg: "This may be a Chinese hat."
"No, it can't be! It must be..."

1. 

2. 

3. 

4. 

. . . .

. . . .

. . . .

. . . .

❸ Complète les phrases suivantes selon ton degré de certitude.

1. Jenny is not answering her phone. She . . . . be out.

2. I don't have Tracy's new address. She . . . . live in London now. Or maybe she's in Bath, I don't know actually.

3. "Paula's on the phone. She says she's phoning from Norway."
"Norway? But she . . . . be in Norway! I saw her in London last night! "

4. My God! You've run ten miles! You . . . . be exhausted!

5. Why don't we switch on the TV? There . . . . be something interesting, we never know.

2. PRÉTÉRIT SIMPLE ET PRÉTÉRIT *BE + -ING*

a. Lis les phrases suivantes puis complète.

A. Sophie couldn't sleep. A brilliant moonbeam was shining on to her pillow.
1 — 2

B. Sophie froze with fright. A tall black figure was coming her way.
1 — 2

Dans la **partie 1**, la conjugaison employée est le . . . .

Dans la **partie 2**, le verbe conjugué est . . . . Il est suivi de . . . . dans la phrase **A** et de . . . . dans la phrase **B**.

Décompose ces deux mots :

Phrase A : . . . . + ...   Phrase B : . . . . + ...

b. Chacune des phrases A et B est composée de deux parties. Laquelle des deux parties permet de comprendre l'autre ?

☐ Partie 1   ☐ Partie 2

DÉDUIS !

Avec le Prétérit simple, l'énonciateur dit ce que le sujet a fait ou pas à un moment donné du passé.

Avec le Prétérit *be + -ing*, l'énonciateur :

☐ dit ce que le sujet a fait.

☐ donne des précisions qui permettent de comprendre ce qui suit ou ce qui précède.

4 Pour chacun des énoncés suivants, choisis la forme appropriée.

1. Billy was dressed very smartly. He ☐ wore / ☐ was wearing a new navy-blue overcoat, a new brown trilby hat, and a new brown suit.

2. "What is Mr Wonka doing here?" I said to myself. He ☐ was standing / ☐ stood all alone just inside the open gates of the factory.

3. Billy came home late, he ☐ had / ☐ was having a bath and went to bed.

4. "Hello! Sorry to disturb you but I ☐ wondered / ☐ was wondering if you had a room for the night."

5. The phone rang last night but I did not answer it. I ☐ had / ☐ was having a bath.

5 Complète les énoncés suivants en mettant les verbes à la forme qui convient.

1. Roald Dahl . . . . a letter to his daughter and went to bed. (write)

2. The last time I . . . . Billy he . . . . in London. Then he . . . . to Bath. I never . . . . him again. (see - live - move - see)

3. He pressed the bell and . . . . for a few seconds before someone . . . . the door. (wait - open)

4. Billy . . . . to the pub when I . . . . him. He . . . . to the railway station. (not go - see - go)

❻ Complète les récits suivants.

1. I was in bed. All of a sudden, I heard a noise and when I opened my eyes ....

....

2. Charlie was just about to turn off the lights when ....

....

3. Sophie was walking in the street, everything was quiet, when suddenly ....

....

4. .... and when I woke up, I was in the chemistry classroom.

5. .... The man was standing just in front of me.

❼ Investigate! What was she doing before disappearing?

a. Une femme a disparu subitement de son bureau. Tu commences à mener l'enquête : observe les lieux et note dans ton carnet les questions qui te viennent à l'esprit. Tu peux employer les verbes :

talk - drink - eat - hide - read - listen - write - destroy

Was she hiding a document behind the picture?

....

....

....

....

....

....

....

....

b. Imagine ce qui s'est effectivement passé, puis rédige un court rapport.

....

....

Pronunciation

1 Les sons /æ/, /ʌ/ et /ɑ:/

a. Écoute les mots suivants et entoure la syllabe accentuée. track 50

animals - having - characters - something - exaggerate - bad - nasty - ugly - fun

b. Classe ces mots selon la prononciation de leur syllabe accentuée. Répète chacun d'eux.

/æ/	/ʌ/	/ɑ:/
cat	cut	cart
....	....	....
....	....	....
....	....	....
....	....	....
....	....	....

ATTENTION

Le son /ʌ/ ressemble beaucoup au /a/ français contenu dans le mot « lave ». Ce sont les lettres « o » et « u » qui indiquent souvent sa présence dans un mot. Est-ce que tu sais dire "*I love you*" correctement ?

Le son /ɑ:/ n'existe pas en français. Mais il démarre comme le son /ɑ/ que tu fais quand le docteur te demande de tirer la langue et de dire « /ɑɑɑɑ.../ ».

2 La lettre « a »

a. Écoute les mots suivants et entoure la syllabe accentuée. track 51

James - adult - favourite - scary - always - have - making - want - part - watch - parents - bath

b. Écoute à nouveau et répète chaque mot. Classe-les selon la prononciation de la lettre « a » (syllabe accentuée uniquement).

/æ/	/eɪ/	/ɒ/	/ɑ:/	/ɔ:/	/eə/
cat	kate	cot	cart	caught	care
....	....	....	....	....	....
....	....	....	....	....	....
....	....	....	....	....	....
....	....	....	....	....	....

7 Living together

Discover

High school cliques: what are they?

→ Textbook p. 96

2 a. With your group, identify the characteristics of the clique you have chosen.

b. Use your notes to report to the class. Then listen to the other groups and complete the grid.

Clique	Looks	Popularity	Personality
....	....	☐ very popular ☐ popular ☐ unpopular	....
....	....	☐ very popular ☐ popular ☐ unpopular	....
....	....	☐ very popular ☐ popular ☐ unpopular	....

Clique	Looks	Popularity	Personality
....	....	☐ very popular ☐ popular ☐ unpopular	....
....	....	☐ very popular ☐ popular ☐ unpopular	....

Outside the classroom

You can use the grid below to prepare your report to the class:

I've interviewed: ....

She / He was in a clique.	She / He wasn't in a clique.
What was the clique about? ☐ same taste in music: .... ☐ same fashion:.......................... ☐ same hobbies:	Why? ☐ ....
What does he / she think about it?	Were there any cliques in his / her school? ....

And here is a picture of him / her at the time, in 19....... .

HIS / HER PHOTO HERE

Understand

Easy targets

→ Textbook p. 98

1 a. With your group, focus on two quotes and pick out the most important information.

b. Use your notes to report to the class. Then listen to the other groups to complete the grid.

Victim	How?	Why?	By whom?
Christian Bale	kicking and punching	He was an actor.	jealous kids
....	....	....	....
....	....	....	....
....	....	....	....
....	....	....	....
....	....	....	....
....	....	....	....

"I am the person who..."

→ Textbook p. 99

3 c. Fill in the gaps.

d. Look at the last word of each line. Say these words out loud. What do you notice?

I am the person you .... at .... ,

I am the person who didn't know how to be .... ,

I am the person you alienated,

I'm the person you ridiculed and ....

I am the person who sat .... ,

I am the person who walked home .... ,

tip

Indique le son voyelle sous la dernière syllabe de chaque vers. Pour cela, regarde la page II à la fin de ton manuel (*Vowel sounds)* ou vérifie la prononciation du mot dans un dictionnaire.

I am the person you . . . . every day,

I am the person who had . . . .

I am the person with hurt in his . . . . ,

I am the person you never saw . . . . ,

I am the person living alone with his . . . . ,

I am the person . . . . by his peers.

I am the person who drowned in your . . . . ,

I am the person who wished she hadn't been . . . . ,

I am the person you . . . . for fun,

I am the person, but . . . .

I'm the person . . . . you didn't know,

I'm the person who just . . . . ,

I'm the person who has . . . . ,

I am the person, ... ,

Make a . . . . Wear a . . . .

This poem was written for the Beat Bullying ad in the UK and narrated by celebrity sports people.

e. Work on words.

Fill in this grid with words taken from the poem:

Victim's everyday life	Victim's feelings	Bully's feelings (according to the victim)

Training task

→ Textbook p. 99

Make an anti-bullying wristband.

Material needed:

– a sheet of paper

– some duct tape or other kind of thick tape 

– claw tape (transparent) 

– pens, pencils, a ruler, scissors

Follow these instructions:

1. Take the sheet of paper and draw two parallel lines about 3 cm from each other.

2. Write your slogan between the two lines. You can use different colours and decorate around the slogan.

3. Cut around the design.

4. Cut out a piece of duct tape, even two if you want to double it and make it thicker and stronger.

5. Place the design on the tape, face up. Then cut off the extra bits.

6. Now, to make it waterproof, cover the other side (the one with the slogan) with a large piece of thick claw tape.

7. Fold the tape over onto the back and cut off the extra bits.

8. Place around the wrist and tape together!

Words

1 Donne les contraires et les synonymes des mots ci-dessous (vérifie tes réponses en relisant le vocabulaire p. 101 de ton manuel).

1. nice ≠ . . . .

2. classes = ...

3. popular ≠ . . . .

4. sociable = ...

5. arrogant ≠ . . . .

6. appearance = ...

2 Complète le dialogue suivant en te servant des indices en gris.

"Hi Amy, are you okay? You look . . . . . adjectif . . . . . ."

"Well, yeah, I don't feel very well."

"What's wrong?"

"Stacy and her clique picked at me again on the way to school."

"Oh no! Did they . . . . . verbe . . . . . . you?"

"No, no, I'm fine. But they . . . . . verbe . . . . . . me all along the way. They kept

. . . . verbe / expression . . . . , saying that I was ugly and other things..."

"They're so . . . . . adjectif . . . . . , I can't believe it! Do you know that when I was in 5th grade,

Stacy . . . . . . verbe . . . . . . me?"

"No way!"

"Yep, she actually broke my nose. Back then, I was so . . . . . adjectif . . . . . and . . . . . adjectif . . . . .

that I didn't say anything, but it's time we denounced her, she's a real . . . . . . nom . . . ."

3 Trouve des mots vus dans le chapitre qui riment avec ceux proposés ci-dessous :

1. buddy: . . . .

2. scornful: . . . .

3. sexism: . . . .

4. hated: . . . .

5. pretentious: . . . .

6. on your own: . . . .

Grammar

1. LES PRONOMS RELATIFS *Ø, WHICH, WHO, WHOSE*

a. Lis les phrases A à G ci-dessous ; les pronoms relatifs sont indiqués en gras. Entoure en bleu l'antécédent du pronom relatif. S'agit-il d'un antécédent humain ou non humain ?
Reporte tes réponses dans la 1re colonne du tableau.

Un pronom relatif reprend toujours quelque chose (un nom ou une proposition).
On appelle cela son « **antécédent** » car il vient **avant** (*ante* en latin signifie « avant »).

	Antécédent : humain / non humain	Pronom relatif : sujet / complément
A. *The girl* ***who*** *wears the orange top is a cheerleader.*		
B. *The school* ***which*** *won the football game is my brother's school.*		
C. *This is the boy* ***Ø*** *they rejected for fun.*		
D. *This is the kind of clothes* ***Ø*** *jocks wear.*		
E. *This is the house* ***where*** *I live.*		
F. *I remember the day* ***when*** *I visited Windsor Castle, I loved it!*		
G. *This is the man* ***whose*** *son is in a video production*		

b. Si l'on propose les énoncés A et D de la façon suivante, que manque-t-il ?

A. *... wears the orange top is a cheerleader.* ☐ un sujet ☐ un complément

D. *... jocks wear.* ☐ un sujet ☐ un complément

C'est ainsi que tu peux savoir quelle est la fonction du pronom relatif dans la phrase : en le cachant et en regardant quelle est l'information manquante !

c. Fais de même pour les autres phrases du tableau et reporte tes réponses dans la 2e colonne.

DÉDUIS !

Quand le pronom relatif est sujet, on le choisit en fonction de la nature de l'antécédent :

– s'il est . . . . , c'est *who* ;

– s'il n'est pas . . . . , c'est . . . .

Quand le pronom relatif est complément du nom, le choix est simple. C'est . . . .

Quand il est complément d'objet direct, c'est . . . . , que l'antécédent soit humain ou non.

<u>Cas spéciaux :</u>

Quand l'antécédent est un lieu : . . . .

Quand l'antécédent est une indication de temps : . . . .

Quand on veut marquer le lien d'appartenance ou de parenté avec l'antécédent : . . . .

1 Complète avec le pronom relatif qui convient : *Ø, which, who, whose*.

1. Do you know the name of the girl . . . . we talked to?

2. Now listen everybody! The locker . . . . won the "best locker" award is: Jenny's!

3. Life must be very difficult for a child . . . . father is President of the USA!

4. The boy . . . . she loves lives in Wisconsin.

5. I have lots of friends . . . . parents give pocket money to every week.

6. Can you name an animal . . . . babies start walking as soon as they are born?

7. The people . . . . I'm staying with in England are called Mr and Mrs Brown.

2 À partir des deux propositions indépendantes fabrique une proposition principale suivie d'une subordonnée relative. Les pronoms relatifs peuvent être *Ø, which, who, whose, where, when*.

eg: I met a girl at a party last week. The girl works in a shoe shop.

→ The girl Ø I met last week works in a shoe shop.

1. There is a new girl at school. The new girl lives in my street.

. . . .

2. She said something. The thing she said surprised me.

. . . .

3. We live in a town. There are lots of students in this town.

. . . .

4. The police are looking for a car. The car ran over a cyclist.

. . . .

5. You rejected a student. I am that student.

→ I am . . . .

6. We always go out on Fridays. There are fewer people then.

. . . .

3 Traduis en anglais.

1. Tu sais quoi ? Hier j'ai vu le garçon dont le père travaille à la BBC.

. . . .

2. « Tu parles de qui ? » « De Jenny, la pom-pom girl qui était au match de basket hier. »

. . . .

3. Les gens que j'ai rencontrés la semaine dernière à New York m'ont écrit !

. . . .

4. La fille dont il est amoureux fait partie d'une clique.

. . . .

4 Joue à « Questions pour un Champion » avec la classe ! Observe les éléments en gras proposés ci-dessous et choisis un exemple correspondant *(an actor: Hugh Jackman)*. Prépare ensuite une définition que tu soumettras à la classe, en t'aidant des éléments proposés.

eg: **An actor:** nationality - films - family

→ He is an actor who played in a saga about superheroes... The superhero that he played is very strong and has adamantium claws...

1. An actor: nationality - films - family

. . . .

. . . .

2. A monument: place - characteristics

. . . .

. . . .

3. A musician / A band: nationality - genre - songs / albums

. . . .

. . . .

4. TV series: nationality - genre - main actors / actresses

. . . .

. . . .

2. LE CHOIX DE LA VOIX

Voix passive : construction

Lis les énoncés suivants puis, dans chacun d'eux, encadre le verbe conjugué et souligne le verbe qui le suit.

A. *I was nicknamed "Irish".*

B. *I was not bullied because I was different, but because I preferred to be alone.*

C. *Some actors are said to be arrogant.*

DÉDUIS !

À la voix passive, c'est l'opérateur . . . . qui est conjugué. Le verbe qui le suit est à la forme du . . . . :

– V + ... / . . . . . pour les verbes réguliers. Par exemple, ici : . . . .

– Pour les verbes dits irréguliers, voir la 3e colonne du tableau (manuel p. 164).

Par exemple, ici : . . . .

Voix active, voix passive

Lis les énoncés suivants puis, pour chacun d'eux, indique :

– si la voix employée est active ou passive ;

– si le sujet agit ou n'agit pas ;

– si le sujet est victime ou non.

	Voix		Le sujet agit		Le sujet est victime	
	active	passive	oui	non	oui	non
A. *I became a victim of bullying.*						
B. *I became rich by winning the lottery.*						
C. *I was knicknamed "Irish".*						
D. *I had other kids kicking and punching me every day.*						
E. *I was bullied because I was too fat.*						
F. *An actor is supposed to be good looking.*						

DÉDUIS !

Dans les énoncés à la voix « passive », le sujet : ☐ agit ☐ n'agit pas

Dans les énoncés à la voix « active », le sujet :

☐ est toujours actif ☐ n'est pas toujours actif

Dans les énoncés à la voix « passive », le sujet :

☐ est parfois « victime » ☐ n'est jamais « victime »

Les étiquettes « voix active » et « voix passive » sont finalement assez trompeuses !

5 Choisis la suite qui te semble la plus logique et explique comment tu as fait ton choix.

1. It was 2 o'clock in the morning and the night was very quiet when suddenly...

☐ the silence was broken by the door bell. ☐ the door bell broke the silence.

Explique ton choix : ....

2. There was some trouble last night. Two men were trying to steal my car so...

☐ I called the police. ☐ the police was called.

Explique ton choix : ....

3. In Scotland, rugby is very popular you know.

☐ Everyone loves it. ☐ It is loved by everyone.

Explique ton choix : ....

6 Transforme les énoncés suivants de façon à changer le point de vue : choisis comme point de départ de ton nouvel énoncé l'élément que tu aimerais mettre en avant.

eg: *My mum made this great cake for my birthday!*
→ This great cake was made for my birthday (by my mum)!

1. The police arrested a dangerous criminal last Saturday.

. . . .

2. Jerry Carmichael often teased me in junior high.

. . . .

3. The neighbours' dog bit me when I was a child.

. . . .

4. The headmaster's secretary asked me to wait outside.

. . . .

7 School reputation

Les cliques ont la vie dure au collège et les stéréotypes vont bon train !
Utilise les éléments de chaque colonne pour dire quelle est la réputation de chaque clique.
Tu peux employer les verbes *say (to be), consider (as...), regard (as...)*.

eg: Preps are said to be selfish and spoiled.

Cheerleaders	Strong but stupid
Geeks	Clever but unsociable
Jocks	Computer-addicts
Preps	Pretty but dumb
Nerds	Scary and dangerous
Goths	Selfish and spoiled

1. . . . .

2. . . . .

3. . . . .

4. . . . .

5. . . . .

6. . . . .

Pronunciation

1 Le son /ʊ/ ou le son /u:/ track 56

a. Écoute la phrase suivante. Encadre la syllabe prononcée avec le son /ʊ/ de *book*.

I'm the person you bullied at school.

b. Écoute les phrases suivantes. Encadre les syllabes prononcées avec le son /u:/ de *shoe*.

1. *I'm the person who didn't know how to be cool.*

2. *I'm the person you ridiculed and hated.*

3. *I'm the person whose name you didn't know.*

c. Écoute les phrases suivantes. Souligne en vert les syllabes prononcées avec le son /ʊ/ et en bleu celles prononcées avec le son /u:/.

1. *Who wants to go to school by car?*

2. *Pull me out of the pool, you stupid fool!*

3. *The food was not good. And there was too much sugar in the pudding.*

2 Le son /ɪ/ ou le son /i:/ track 57

Écoute bien les phrases suivantes. Indique, sous les lettres en couleur, si tu entends le son /ɪ/ de *it* ou le son /i:/ de *eat*.

1. *What's the name of your clique?*

.....

2. *I wish you a happy birthday.*

....

3. *My brother is a computer geek.*

.....

4. *You should call the police!*

.....

5. *Does Tim speak English?*

....

6. *Jean teaches history in a pretty little village.*

....

3 Les sons /ɔː/, /ɒ/, /əʊ/ et /ʌ/

a. Écoute les mots suivants. track 58

alone - popular - tortured - someone - sociable - scornful

b. Entoure leur syllabe accentuée et complète le tableau en fonction du son voyelle contenu dans la syllabe accentuée.

/ɔː/	/ɒ/	/əʊ/	/ʌ/
short	box	coat	mum
....	....	....	....
....	....	....	....
....	....	....	....

8 Fair play

Discover

Terrible Tudors!

→ Textbook p. 108

3 a. Listen to part 1. Complete the clues. Then try to provide more clues about the two monarchs.

More information about tje two monarchs:

Clue #1: Daddy had six wives... Two of them were . . . .

Clue #2: Daddy was the first English king with absolute power: . . . .

. . . .

. . . .

. . . .

. . . .

. . . .

. . . .

Clue #3: Daddy's first name was . . . . , his last name was . . . . and his title was . . . .

. . . .

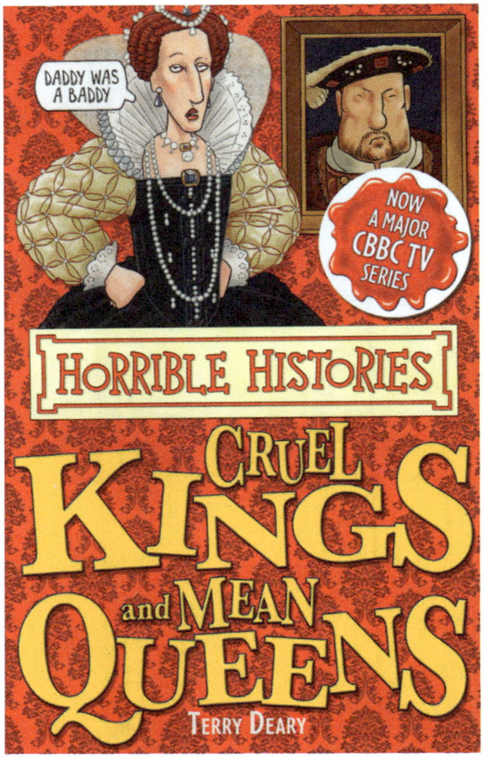

b. Listen to the whole document and circle the names of the people mentioned in the recording.

Jane Seymour   Mary   Katherine Parr   Catherine of Aragon   Ann Boleyn

. . . .

The Pope   Anne of Cleves   Catherine Howard   Edward VI   Lady Jane Grey

. . . .

c. Pick out family ties (eg: father, sister, wife...) and write them under the names you have circled.

d. Complete the family tree.

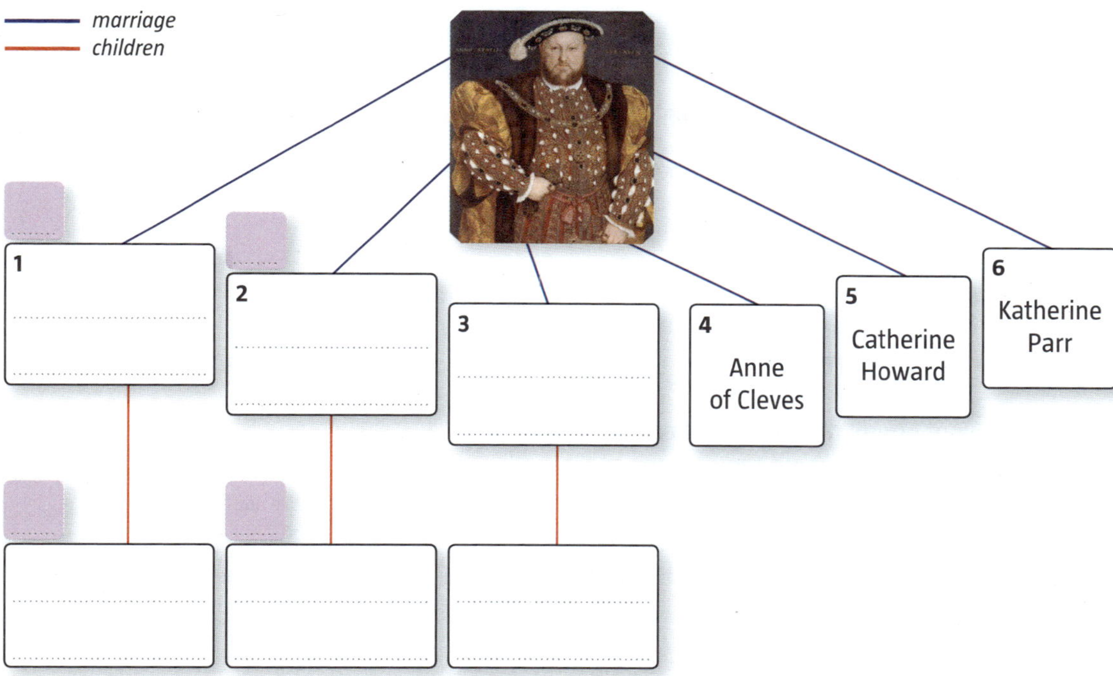

e. What happened to the king's wives? Draw the right symbol next to each wife's name.

 Survived  Beheaded 

Died  Divorced

Use these words to complete this rhyme:

"Divorced, ..., ... ,
divorced, ..., survived."

In England, pupils learn this short rhyme to remember what happened to Henry's wives, in chronological order.

f. As you have seen, religion had a great influence on politics at the time.
Listen again, and indicate in the family tree the religious preferences of a few Tudors.

A Anglican C Catholic

g. In groups, fill in this timeline of religions in England:

	1509-1533	1534-1547	1547-1553	1553-1558	1558-1603 → Today
	Henry and his first wife	Henry and his next wives	Edward VI	Mary I	Elizabeth I → Elizabeth II
Country's religion	....	....	....	....	....

h. Listen again to the end of the recording and circle Elizabeth's hobbies in the list below:

football rugby bear-baiting swimming poetry music

drama riding cock-fighting hunting dancing

Terrific games!

→ Textbook p. 108

3 a. With your group, fill in the first line of the grid below with information about the game or sport you have chosen.

b. Ask questions to the other groups about the other Tudor games and sports and complete the grid.

TIP
Tu as déjà construit des questions au Prétérit dans les chapitres précédents. Relis tes leçons et consulte le précis grammatical dans ton manuel.

Game / Sport	Participants	Place	Equipment	Rules

Game / Sport	Participants	Place	Equipment	Rules

c. **Label the pictures with information about each game or sport.**

game / sport

game / sport

game / sport

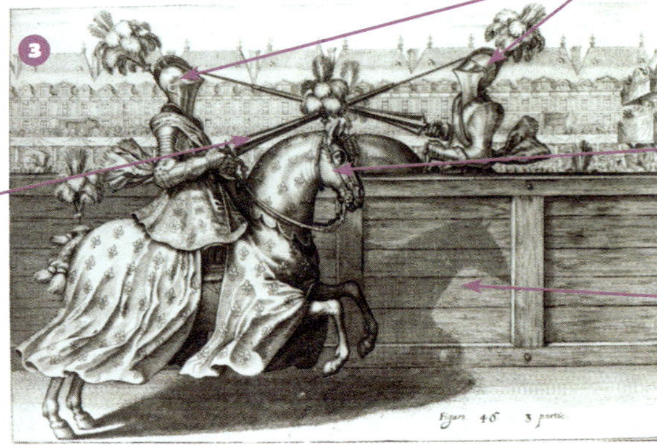

game / sport

Outside the classroom

You can use this grid to prepare your report to the class:

I've interviewed:	Age when he / she played:
....	....
Clues	
Participants: .... Equipment:	Rules: ....
Name of the game / sport:	

Training task

→ Textbook p. 109

Imagine the Tudor version of a modern sport.

The sport you have chosen: . . . .

tip

- Vérifie que tu as le vocabulaire nécessaire : consulte la page *Words* de ton manuel (p. 113) ou utilise un dictionnaire.
- Souviens-toi des comparatifs que tu as vus dans le chapitre *Freezing!*, tu en auras sûrement besoin.

1 Fill in this grid to imagine the Tudor version of your sport (don't forget that people didn't have our modern technologies!).

	Your sport today	Your sport in the Tudor times
Place	It is played	It . . . .
Players (number? outfit?)	There are . . . . who wear	There . . . .
Equipment	They use / need.	They . . . .
Rules	They have to. . . . . They can. . . . . They.	They . . . .
Your opinion	It is quite easy / dangerous / exciting	It was . . . .

❷ **Note down the expressions you will need to talk about the past.**

eg: At the time..., ...

....

....

Understand

HERE & THERE

→ Textbook p. 110

❶ **Read the document on the right.**
Underline in two different colours:

– Shakespearean words and phrases,

– their equivalents in modern English or the situation in which they are used.

HOW TO talk like Shakespeare!

powered by
Chicago Shakespeare Theater

1. Instead of *you*, say *thou* or *thee* (and instead of *y'all*, say *ye*.)
2. Men are *Sirrah*, ladies are *Mistress*, and your friends are all called *Cousin*.
3. Instead of cursing, try calling your tormenters *rascal* or *villain*.
4. Don't waste time saying "*it*," just use the letter "*t*" (*'tis*, *t'will*, *I'll do't*).
5. When in doubt, add the letters "*eth*" to the end of verbs (*he runneth*, *he trippeth*, *he falleth*).

To add weight to your opinions, try starting them with *methinks*.

Extracted from www.talklikeshakespeare.org

❷ **Now report them in the following grid:**

Shakespearean words and phrases	Modern English equivalent
....	....
....	....
....	....
....	....
....	....
....	....
....	....
....	....

3 Here are more! Match the Shakespearean words and phrases with their equivalents in modern English.

Good morrow	Oh no! Too bad!
I pray thee	Good morning!
Alas!	How are you?
Nay	Good evening!
Farewell	Please
Peace	No
Good even	Goodbye!
How now?	Yes
Yea	Be quiet!

"The show must... Go on!"

→ Textbook p. 111

2 b. Watch the video with the sound off and note down as much information as you can.

Main characters		
Description	Possible identity	Feelings
....	....	....
....	....	....
....	....	....
....	....	....
....	....	....
....	....	....

Plot	
At the beginning	At the end
....	....
....	....
....	....
....	....
....	....

TOOLS
The plot = the storyline, the situation, the problem

❸ **Watch the video again with the sound on: check and complete your hypotheses.**

TIP Il est possible que tu ne comprennes pas tout ce qui est dit dans la scène mais fais particulièrement attention aux informations qui sont répétées.

Words

❶ **Remets les lettres dans le bon ordre pour former des mots sur le thème du sport, puis donne leur contraire (aide-toi des *Words to remember*, page 113 de ton manuel).**

1. SDOOOTRU : O _ _ _ _ _ _ _ ≠ . . . .

2. SEOL : L _ _ _ ≠ . . . .

3. AARPYFLI (2) : F _ _ _ P _ _ _ ≠ . . . .

4. FTAEDE : D _ _ _ _ _ ≠ . . . .

❷ **Complète les phrases suivantes sur le thème du théâtre en utilisant des mots de la liste ci-dessous :**

perform - comedies - entertaining - spectators - plays - actors - tragedies - love - plots.

1. Queen Elizabeth loved watching . . . . .nom. . . . . but she didn't go to the theatre, so the . . . . .nom. . . . . had to . . . . . .verbe. . . . . .in the castle.

2. Shakespeare is as famous for his . . . . . . nom . . . . . .as for his . . . . . . nom . . . . All of his plays have great . . . . .nom. . . . . , which makes them very . . . . adjectif . . . . . . Everybody just . . . .verbe. . . . . them!

3. At the Globe, the wealthiest . . . . . . nom . . . . . .sat in the galleries.

❸ **Barre l'intrus puis donne un nom à chaque catégorie :**

1. Extras - stage - actors - costumes - coach - playwright: . . . .

2. Fun - entertaining - boring - great - thrilling - exciting: . . . .

3. Ground - match - score - plot - referee - players: . . . .

4. Pit - groundling - galleries - Shakespeare - London - knights: . . . .

Grammar

1. LE MODAL *COULD*

a. Lis les énoncés suivants :

A. *If you paid more money you **could** sit on the stage.*

B. *If they wanted to, the spectators **could** throw rotten fruit at the actors.*

C. *The ball **could** be bounced off the walls.*

D. *A ring was built so that the Tudor Monarchs **could** watch bear-baiting from the windows.*

E. *There was no electricity so they **could** not light up at night.*

b. Comment le mot en gras est-il composé ?

Modal . . . . + Prétérit = ***could***.

Peux-tu citer ici deux autres modaux de l'anglais ? . . . . et . . . .

Avec ***could***, l'énonciateur indique avant tout qu'il est question de choses qui :

- ☐ étaient
- ☐ sont
- ☐ seront

- ☐ obligatoires
- ☐ possibles

} pour le sujet.

Pour l'énoncé **E,** l'énonciateur indique au contraire que . . . .

DÉDUIS !

Avec le modal ***could***, l'énonciateur ne dit pas si les choses se sont effectivement produites à un moment précis ; il indique qu'elles étaient . . . . ou . . . .

1 Qu'est-ce qui était possible au temps de Shakespeare ? Dans chaque cas, rédige une phrase pour donner ton avis. Si la réponse est « pas possible » explique pourquoi.

eg: People / use their phone at the theatre.
→ People could not use their phone at the theatre because they did not have telephones!

1. Women / become actresses

. . . .

2. People / throw rotten fruit at the actors

. . . .

3. Plays / be performed at night

. . . .

4. King Henry / send text messages to his wives

. . . .

2. *HAD + TO + V*

a. Lis les énoncés suivants :

A. *Players* ***had*** *to hit the ball over the net.*

B. *They* ***had*** *to build fixed theatres.*

C. *The people* ***had*** *to stand for the duration of the play.*

D. *He* ***had*** *to ask the Pope for permission to get a divorce.*

b. Comment sont-ils construits ?

Décompose le mot en gras : *have* + ... = *had.*

L'énonciateur parle donc :

☐ de l'époque actuelle. ☐ d'une époque révolue. ☐ de l'avenir.

Dans chaque énoncé :

– quel est le mot qui suit directement *had* ? . . . .

– quel est le mot qui vient ensuite ? Sous quelle forme est-il ? . . . .

c. Qu'exprime cette structure ?

En disant par exemple *"He* ***had*** *to ask the Pope for permission"*, l'énonciateur dit que :

☐ c'est lui-même qui a imposé des choses.

☐ c'est le sujet qui a voulu que les choses aient lieu.

☐ le sujet n'a pas eu le choix à cause d'une situation, d'un règlement, etc.

DÉDUIS !

En employant l'assemblage « sujet + *had* + *to* + verbe (+ compléments) », l'énonciateur indique que le sujet a : ☐ pu faire quelque chose. ☐ dû faire quelque chose.

L'énonciateur :

☐ a lui-même imposé les choses. ☐ dit ce qui était, sans en être responsable.

2 Voici une liste d'événements qui se sont produits. Complète les énoncés en indiquant les conséquences logiques.

eg: As there was no electricity, plays had to be performed during the day.

1. As women were not allowed on stage, female roles ....

2. Bear baiting was a cruel game. The poor bears ....

3. There were no seats in the pit and so the spectators ....

4. Theatre became so popular that they ....

3. LA VOIX PASSIVE AU PRÉTÉRIT

a. **Lis les énoncés suivants :**

A. *During the Tudor times, tennis was played indoors in a large room with a net.*

B. *The goal posts were placed about a mile apart.*

C. *Individual bears were chained to a post in a bear-ring.*

De quelle période parle-t-on ? ....

b. **Dans chaque énoncé, souligne le sujet, encadre le verbe conjugué et dis quelle est sa conjugaison. Indique ensuite ce qui suit immédiatement le verbe conjugué :**

– en **A** : ..../.............., – en **C** : ..../...............

– en **B** : ..../..............,

Quelle est donc la voix utilisée pour chaque énoncé ? ....

Comment à ton avis a-t-on choisi les sujets de chaque énoncé ?

....

Quels sont les choses qui ont pu être dites avant les énoncés **A**, **B** et **C** ?

– En **A** : ....

– En **B** : ....

– En **C** : ....

DÉDUIS !

Dans les énoncés à la voix ...., c'est .... qui est conjugué, suivi du .... d'un verbe.

Le choix du sujet, à la voix .... comme à la voix ...., dépend du contexte, de ce dont l'énonciateur trouve logique de parler.

3 Pour chacun des énoncés, invente la suite à partir du sujet qui est donné. Tu dois utiliser la voix passive.

1. There was too much snow last Saturday. The football match ....

2. Because of the weather, in the winter months tennis matches ....

3. Henry's fifth wife ....

4. Two of Henry's wives ....

5. The Globe theatre ....

4 Complète les phrases suivantes en utilisant la voix passive ou la voix active au Prétérit.

1. Ann Boleyn (condemn) .... to death because Henry VIII (suspect) .... her of having lovers.

2. At the Globe, the cheapest tickets (sell) .... to groundlings.

3. At football, hitting your opponents (allow) .... so that many players (badly hurt) ....

4. Shakespeare's plays (watch) .... by thousands of spectators and he (become) .... the greatest author of his time.

5 Ré-écris les énoncés suivants en prenant comme sujet l'élément souligné.

eg. The law forbade <u>women</u> to play on stage.

→ *Women were forbidden to play on stage.*

tip

Pour cela, procède par étapes :

1. Identifie l'élément que tu aimerais mettre en avant dans ta nouvelle phrase et place-le en position de sujet (ici : *women*).

2. Repère le verbe de ta phrase de départ et identifie sa conjugaison (ici : *forbade* = *forbid* au Prétérit).

3. Prépare ton verbe en mettant l'auxiliaire *be* à la bonne conjugaison (ici : au Prétérit) et en l'accordant (ici : au pluriel = *were*), et en utilisant le participe passé (ici : *forbid* est irrégulier = *forbidden*).

1. Some people rebuilt <u>the Globe</u> at the end of the 20th century.

....

2. A very young man played <u>Juliet's part in *Romeo and Juliet*</u>.

....

3. The British people nicknamed <u>Queen Mary</u> "Bloody Mary"!

....

4. Henry VIII and Elizabeth greatly appreciated bear-baiting.

. . . .

5. Henry VIII ruled over England from 1509 to 1547.

. . . .

Pronunciation

1 a. Écoute les mots suivants. track 62

actors - contemporary - electric - electricity - Globe - music - musician - noble - nobility - reign - Thames - theatre - theatrical

b. Encadre la syllabe accentuée des mots de plus d'une syllabe et classe-les dans le tableau selon le son de la voyelle accentuée.

/æ/	/e/	/ɪ/	/əʊ/	/u:/	/eɪ/	/ɪə/
bat	bet	bit	boat	boot	cake	here
. . . .	. . . .	. . . .	. . . .	. . . .	. . . .	. . . .
. . . .	. . . .	. . . .	. . . .	. . . .	. . . .	. . . .
. . . .	. . . .	. . . .	. . . .	. . . .	. . . .	. . . .

c. Répète les mots un par un en prononçant bien la voyelle accentuée.

2 a. Observe les mots qui suivent. Écoute-les puis répète-les. track 63

music - musician - electric - electricity - noble - nobility - theatre - theatrical

b. Que remarques-tu ?

. . . .

c. Quelle conclusion en tires-tu ?

Dans les mots terminés en *-ian*, *-ical* et *-ity*, la syllabe accentuée est placée . . . .

la terminaison. On passe donc de :

***mu**sic* → *mu**si**cian* / *e**lec**tric* → *elec**tri**city* / ***the**atre* → *the**a**trical*.

d. Donne d'autres exemples de mots terminés par :

1. *-ian* : . . . . ; . . . . ; . . . .

2. *-ical* : . . . . ; . . . . ; . . . .

3. *-ity* : . . . . ; . . . . ; . . . .

À découper

1 Teen spirit

→ Textbook p. 28

3 Getting around

→ Workbook p. 53

Walking and bicycling bring a sense of joy and independence.

The trip to school is a chance for children (and adults!) to get the physical activity they need.

Replacing car trips to school with walking or bicycling can reduce traffic congestion and pollution.

Building sidewalks, providing education programs and adding traffic calming measures are some of the ways to improve safety.

Encouraging walking and bicycling to school benefits the community, as neighbours get to know each other better.

→ Workbook p. 58

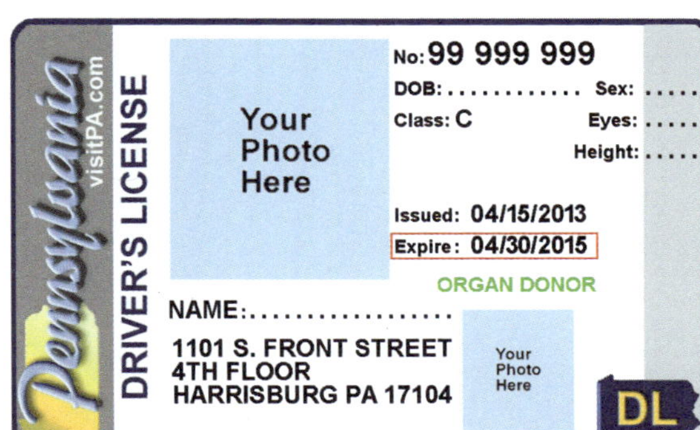

DOB : date of birth